ridículo Político

ridículo político

Marcia Tiburi

3ª edição

EDITORA RECORD
RIO DE JANEIRO • SÃO PAULO
2017

CIP-BRASIL. CATALOGAÇÃO NA PUBLICAÇÃO
SINDICATO NACIONAL DOS EDITORES DE LIVROS, RJ

Tiburi, Marcia
T431r Ridículo político: uma investigação sobre o risível, a manipulação
3ª ed. da imagem e o esteticamente correto / Marcia Tiburi. – 3ª ed. –
Rio de Janeiro: Record, 2017.

ISBN: 978-85-01-10906-4

1. Ciência política - Filosofia. I. Título.

CDD: 320.1
17-40465 CDU: 321.01

Texto revisado segundo o novo Acordo Ortográfico da Língua Portuguesa.

Direitos exclusivos desta edição reservados pela
EDITORA RECORD LTDA.
Rua Argentina, 171 – Rio de Janeiro, RJ – 20921-380 – Tel.: (21) 2585-2000.

Impresso no Brasil

ISBN 978-85-01-10906-4

Sumário

Prólogo

Infelizmente, este não é um livro sobre algo engraçado, muito menos um livro que faça rir, apesar da impressão à qual o título pode levar. Se o leitor espera divertir-se, deixe-o agora ou cale-se para sempre.

É claro que eu estou brincando, porque o riso é livre e o leitor — esse ser cada vez mais raro que, em tempos de vazio do pensamento, ainda se preocupa em refletir — saberá o que fazer. No entanto, preciso dizer que escrevi o *Ridículo Político* para chamar a atenção sobre algo muito sério, que é justamente o hábito de não tratar com seriedade as coisas políticas.

Parti da ideia de que certas cenas, e as pessoas nelas envolvidas, mesmo parecendo engraçadas, ou até hilárias em um primeiro momento, na verdade, nos fazem sofrer. Que há uma categoria de coisas risíveis que são, na verdade, sofríveis. Eu tinha em mente a vergonha, que é um sentimento e uma posição moral muito desagradável, mas, sobretudo, eu pensava sobre a vergonha alheia, aquela que sentimos quando presenciamos algo constrangedor, na simples posição de espectador. A partir de uma análise dos nossos sentimentos, poderíamos procurar onde nos esconder. Mas o caso é mais grave. As cenas próprias ao ridículo político nos parecem, muitas vezes, apenas atos involuntários, efeito de ignorância ou ingenuidade, de uma bufonaria natural, embora sirvam ao poder.

São cenas de poder que têm desfigurado a vida social e política. Nessa linha, enquanto alguns se empolgam com a "graça" e a aparência brincalhona ou pouco séria de políticos profissionais e cidadãos (também políticos, como veremos) que se manifestam preconceituosamente em níveis, muitas vezes, fascistas, me parece urgente analisarmos a produção de efeitos estéticos causados pelo poder (por mais poder) na época em que a política se transforma em publicidade e, desacreditada, é deixada à deriva do capital e daqueles que não temem fazer o papel ridículo que serve a cada um.

As cenas ridículas — e seus personagens conhecidos — traduzem o sentido da política em nossos dias, não como uma bagunça espontânea feita por gente despreparada para os cargos que ocupa. A esbórnia política em que vivemos é produzida e sustentada pelos objetivos do poder. O mal-estar político de nossos dias é efeito do ridículo produzido para nos afastar da política. O mesmo ridículo que introduz na política outros tantos cidadãos ocupados em abusar do poder e engana os que consegue rebaixar a otários.

As cenas do que chamei de Ridículo Político fazem parte da vida pública e correspondem a uma estetização curiosa da política (ou de uma certa forma de fazer política que se tornou tendencial) que vive da manipulação da imagem e da produção de inverdades de todo tipo. O que chamei de "esteticamente correto" é o disfarce do ridículo, o esforço para estar na linha do padrão estético, que invade as relações em nível micro e macropolítico. O esteticamente correto se dá em cumplicidade com toda uma cultura de naturalização do ridículo na qual estamos submersos.

Nesse sentido, há dois momentos da política que precisam ser contemplados por nosso pensamento: a política em seu sentido genérico, da qual todos participam enquanto cidadãos que fazem parte de uma comunidade humana de linguagem; e a política em seu sentido institucional e profissional, em relação à qual as pessoas vivem confusões e tensões, sentimentos de amor e de ódio, como se tem com aquilo que se deseja e se teme ao mesmo tempo.

Pensei em dedicar meu livro a várias pessoas — nessa hora, confio na imaginação do leitor que está, como eu, estarrecido com o que se vê no cenário político —, mas, como o meu objetivo é analisar o fenômeno e não ajudar a aumentar o ridículo e os atos de ridicularização entre nós, decidi dedicá-lo a ninguém e, assim, poupar a todos nós.

Devo, no entanto, agradecer a Rubens Casara pela paciência impagável de ler meus originais e criticá-los elegantemente.

Introdução: sobre estética e política

Vamos falar sério, pelo menos por enquanto. Um dos motivos pelos quais a questão política permanece mal compreendida resulta do pouco-caso que fazemos de seu momento estético. Fato é que o termo *política* é tão confuso quanto o termo *estética* e as questões às quais eles se referem. Usados vulgarmente, no âmbito do senso comum, eles perdem muito de sua riqueza epistemológica e conceitual. Como prática de vida, a reflexão filosófica deve se estabelecer, justamente, no espaço entre o senso comum e a especialização do pensamento, sendo assim uma tentativa de produzir lucidez diante de questões nebulosas. Diante do uso fraco ou depreciativo, precário ou vulgar de termos como *estética* e *política*, a tarefa infinita da filosofia se refaz — sobretudo em tempos autoritários, nos quais as pessoas se orientam por ideias pré-programadas que aplacam angústias muitas vezes insuportáveis, relativas a esses âmbitos essenciais da vida partilhada por todos.

Nessa linha, é importante perceber que o modo como as palavras são usadas servem a objetivos específicos. Falamos pouco daquilo que nos acostumamos a ver como natural, tanto quanto falamos mal, mesmo quando queremos falar bem, daquilo que não compreendemos o suficiente e que, no fundo, gostaríamos muito de compreender melhor.

Perceber a relação entre política e estética é cada vez mais urgente. A separação entre elas é um procedimento do pensamento, que tem como objetivo produzir discernimento. No entanto, o pensamento — que esquece os nexos entre o que foi artificialmente separado nos processos da linguagem usados para conhecer as coisas — falha em sua operação mais fundamental. Isso acontece também quando falamos em ética e política, outra relação que precisa ser sempre retomada ao nível de semelhanças e diferenças. Ora, ética e política são dois lados de uma mesma fita, como na famosa "banda de Moebius", aquela figura geométrica que nos faz saber que "um lado passa pelo outro".

Dedico este livro à relação entre política e estética no momento em que um intenso mal-estar com a política ajuda a produzir o desinteresse e, no extremo, a destruição. Esse mal-estar é, evidentemente, uma questão política, mas sua fonte é, antes disso, estética. A estética não é o dado não político da vida, mas justamente a borra de fundo de toda política em relação à qual devemos aprender a ler nosso destino político. Pelo termo *estética* referimo-nos não apenas ao reino do aparecer, nem somente ao que, no senso comum, definimos como aparência, mas ao imenso campo dos afetos, dos sentimentos, das emoções e, também, de tudo o que se refere à corporeidade: a sexualidade, a raça, o gênero, a idade, as formas da plasticidade corporal. Isso inclui a linguagem, por meio da qual apresentamos e representamos coisas e pessoas, seres inanimados e animados. Nesse sentido é que podemos falar em um mal-estar que faz muita gente se expressar dizendo que tem "nojo" de política. Nojo é uma categoria que está no limiar da estética como espaço da sensibilidade. Por meio do nojo, chegamos aos limites da compreensão dos fenômenos tornados abjetos, que são do reino do insuportável. O nojo é impalatável, um verdadeiro desgosto e, ao mesmo tempo, uma espécie de anestesia. O nojo nos cancela. Por esse caminho, temos que nos perguntar: por que a política se tornou algo da ordem de uma abjeção? Se lembrarmos que nojo também significa luto, chegamos perto do nosso problema maior: continuar amando aquilo que perdemos e, na ilusão de que a repulsa garantirá um sofrimento menor diante da perda, acabamos por odiar.

Ora, política é isso que amamos e odiamos. Algo que, necessariamente, nos faz sofrer. Não sendo uma coisa, nem apenas uma instituição, mas um contexto de relações, a política é vivida e experimentada consciente e inconscientemente. Para usar de uma metáfora, ela é como uma casa e um labirinto. Como casa, podemos pensá-la em relação íntima com o *ethos* — o lugar onde vivemos. Assim, a política é uma grande casa feita de níveis, de patamares, de pavimentos, de degraus, de paredes, de portas e janelas, de passagens, dos mais diversos materiais e formas que exigem manutenção. Quem tem consciência política a experimenta eticamente nesse sentido do *ethos*, como uma casa. A política é, para quem vive nessa consciência, uma construção universal. Daí a casa também é a cidade (a *pólis*), o país, o planeta. Nessa perspectiva, ela é o espaço e o tempo pelo qual somos todos responsáveis e que podemos sempre ajudar a sustentar. Quem vive submerso no inconsciente político, no entanto, não escapa dela. A política deixa de ser uma casa e se torna um labirinto do qual é impossível fugir. Quem a vive inconscientemente, o faz de um modo bruto, muitas vezes ressentido, dogmático ou irrefletido. Quem está fora de um dos seus níveis — teto, chão ou paredes — está, inevitavelmente, dentro de outro, porque ninguém está imune à política. Isso quer dizer que a política toca a todos. Dada nos jogos de forças de intensidades diversas, produzidas justamente por afetações, por influências, por movimentos, pelos desejos dos corpos, do imaginário ao simbólico da linguagem, a política é o nosso *habitat*. Todo ambiente humano, seja real, seja virtual, é político.

Falamos sobre isso nos tempos em que até o "fim da política" não deixa de ser uma questão política. Ela continua na forma de um vazio para muita gente que, sem saber, está envolta nela, ainda que a negando e reduzindo--a, muitas vezes, à política partidária e institucional, a política dos poderes estabelecidos. Há quem esqueça que o todo da vida é político. Precisamos saber que política é o todo da vida porque não se vive a vida humana como indivíduo ou espécie sem que estejamos relacionados uns aos outros e, inevitavelmente, às instituições. Política é, portanto, a própria ordem e as formas como ela se renova ou se repete. Mesmo aquela ordem que se apresenta como uma espécie de "antipolítica" — quando as relações institucionais, sociais e interpessoais estão esfaceladas — é política. Todas as relações se dão a partir de jogos de poder e são políticas. Seria desafiador descobrir uma relação isenta de poder sob alguma das suas formas: dominação, exploração, repressão, hierarquia, controle, disciplina ou simples sedução.

Ainda que se possa fazer um recorte de um campo específico dos poderes executivo, legislativo e judiciário — que organizam o Estado —, e que se possa pensar a política como esfera sistemática das decisões em nível institucional, é inegável que ela está em tudo o que fazemos, que cada ato, cada gesto e cada desejo é atravessado por algo de político. Mais que tudo, sabemos que a nossa própria condição humana, aquele lugar em que nos definimos como espécie, é política.

Hoje, quando muitos se queixam da perda do caráter humano da nossa espécie (e vamos usar essa palavra em uma acepção muito comum, sem questioná-la imediatamente), quando tantos apelam para que nos tornemos "mais humanos", quando se lastima a "desumanidade" que atinge as sociedades, o que se diz esperando um comportamento mais ético para com todo mundo, devemos saber que só nos tornamos "mais humanos" à medida que nos tornamos mais políticos no sentido de seres cientes das relações de poder e violência e que, por isso, definem limites a essas relações de poder e violência como forma de sustentação da convivência, que é o elemento mais simples da condição política da espécie humana. A ideia de "humanidade" que ainda interessa a muita gente, define-se na proporção direta dos direitos fundamentais dos indivíduos e dos povos, desde que eles possam existir e coabitar um mesmo mundo e, assim, partilhar condições criadas coletivamente.

Se é possível separar categorialmente estética e política para efeito de compreensão, é, contudo, impossível não pensar as ligações entre esses campos e os fenômenos concretos que se produzem a partir delas. O que se chama "estetização da política" nada mais é do que a compreensão publicitária dessa relação que visa ao acobertamento do poder — essa energia afetiva, simbólica e física a um só tempo que é própria da política — e das formas de violência com as quais o poder se confunde. A crítica dessa relação torna-se, necessariamente, uma politização da estética.

* * *

Na tentativa de colaborar com o avanço dessa reflexão, nos subtítulos a seguir propõe-se a exposição de três aspectos fundamentais para compreender o nexo entre estética e política em nossos dias. Os temas apresentados a partir de subtítulos se entrelaçam e, como em espiral, como que se alçam dentro dos outros e levam a mais e mais. Há, portanto, uma lógica interna do argumento geral em torno do conceito de Ridículo Político a sugerir que o livro seja lido do começo para o fim, ainda que se possa ler cada trecho isoladamente.

Os primeiros subtítulos tratam desse conceito, no qual a relação entre estética e política se apresenta de um modo praticamente metateórico, como máxima exposição do caráter estético da política. O tema pode causar espanto, em um primeiro momento, pois o termo "ridículo" é bastante coloquial entre nós e normalmente usado para desabonar ou xingar alguém. Proponho um uso totalmente diferente, tentando expor a questão do ridículo político de um ponto de vista conceitual, com a intenção de trazer lucidez sobre nossos problemas políticos atuais. O interesse que tenho no ridículo se deve ao que nele parece explicar algumas das potências da política contemporânea.

Por ridículo político entendo um fenômeno no quadro da estetização da política. Quando a estetização da política se dá a ver, como uma espécie de prova do próprio nexo entre estética e política, ela se faz, sobretudo, como ridículo. O ridículo é uma rica categoria de análise, um elemento fundamental a uma hermenêutica contemporânea de todo o cenário da política.

O termo *ridículo* é usado tanto para falar de algo insignificante, daquilo que não faria diferença, quanto para dar sinal de uma cena escandalosa. Neste livro, quer-se compreender seu potencial intimamente ligado, em nosso tempo, ao que podemos denominar o momento publicitário da política, que muito tem contribuído para a aniquilação de sua própria ideia como algo positivo. O problema é que política não é algo que se destrói, mas algo que se transforma, e, nesse caso, podemos dizer que o ridículo político é a sua deturpação. O que vem a ser política na era da racionalidade publicitária é a nossa questão. O ridículo político é um efeito da deturpação da política na era do espetáculo; é a deturpação do direito a aparecer, bem como do direito à expressão, do direito de representar e de ser representado. Ridículo político seria, portanto, a forma visível da crise do político, enquanto o poder o utiliza justamente para acobertar essa crise.

Quando se trata do ridículo político, seu "dar-se a ver" não tem como propósito o esclarecimento, mas o acobertamento. Ridículo é, em certo sentido, aquilo que não devendo ser visto, entretanto, apareceu e, ao aparecer, demandou um riso. Um riso que não poderia, no entanto, se realizar diante do constrangimento que, ao mesmo tempo, se produziu. Nesse aparecer que constitui o seu motivo, o ridículo se torna uma categoria essencial na fundação de uma teoria estética da política. Mais do que a comicidade política na qual o riso seria central, e que pode usar a ridicularização como um método, o ridículo político é uma espécie de estilo, uma espécie de estética cuja função é acobertar algo que atravessa, fantasmaticamente, a cena política. Isso acontece na forma de um escancaramento daquilo que por meio dela não devia ter sido visto ou dito. Ridículo é, em uma definição muito geral, e em termos muito simples, uma ação, um acontecimento ou um dado que naturalmente teríamos vergonha de deixar aparecer, mas que acaba sendo exposto e, mediante sua exposição, é mais visível que tudo ao seu redor. O ridículo inclui um apelo ao riso enquanto a realização desse riso é impossível.

O ridículo político é uma transformação no mínimo curiosa que veio acontecendo no campo do ridículo e que, hoje, podemos sentir mais do que nunca. O ridículo chega à política de nossos dias como uma espécie de triunfo. Ele é o elemento fundamental de um tipo de poder sem fundo concreto, uma espécie de poder daquilo que em um primeiro momento não implicaria poder nenhum, pois parece o contrário de tudo o que se refere ao campo do poder: força, vigor, violência. O poder pode se transformar em violência e autodestruir-se, mas também pode se corromper ou deturpar-se, encontrando no ridículo a sua forma expressa. Uma das hipóteses deste livro é que o ridículo talvez seja a própria imagem de uma época em que a expressão da coisa serve como sua máscara, daí que a decadência da verdade, o desinteresse e o descompromisso para com ela encontre sua transformação no cinismo em voga. Estamos estupefatos diante do que vem acontecendo na esfera pública? Isso é efeito do ridículo.

Outra hipótese que surge nessa linha é a de que não cairíamos no círculo vicioso do cinismo, em que uns enganam e outros se deixam enganar, criando um pacto consensual em torno do engano, se não tivéssemos sido bem treinados com a experiência do ridículo para isso. O ridículo político não é ingênuo: ele é uma teia para agarrar moscas tontas, aqueles que perderam tanto o senso de cidadania quanto o amor pelo conhecimento e que seguem repetindo ideias prontas sem esforços maiores, ou simplesmente desconsiderando, de maneira bufona, a importância do discernimento e do entendimento.

Vivemos o efeito de uma política estupefaciente. De um lado, vemos muitas pessoas encantadas com o que não lhes parece sério, atos que escondem práticas indefensáveis de políticos homofóbicos, racistas e fascistas; pessoas verdadeiramente fascinadas com bufões que brincam onde deveria haver seriedade e agem de modo sério quando ninguém leva a sério o que propõem em leis ou decretos (como os prefeitos de cidades brasileiras que, nos últimos tempos, têm entregado a chave da cidade a Deus, bem como o prefeito de São Paulo, que mandou apagar todos os grafites dos muros da cidade ou como o presidente americano que resolveu construir um muro para separar México e EUA). Justamente por atos como esses — e uma longa tradição desse jaez — é que a política tem sido vista por muita gente como algo em si mesmo ruim. Mais uma vez, dizer "ruim" é falar de um mal-estar, mas também de algo que faz mal como uma droga que se usasse de modo abusivo. Nesse cenário, uma das perguntas que devemos tentar responder é a seguinte: por que vemos a política como um droga? Como nos entorpecemos com ela? Que mau uso fazemos dessa "substância" da qual nós mesmos somos feitos? Ora, é disso que se trata: o entorpecente político é a nossa própria humanidade, aquela condição política de que eu falava há pouco. Mais ainda, sabemos que em termos sociais e históricos nada é por acaso, portanto, convém perguntar: o que se alcança por meio de uma má relação com a política? Se quisermos ir um pouco mais longe, devemos perguntar também: como nós mesmos produzimos a política que nos concerne? Temos noção do que é consciente e do que é inconsciente em termos políticos?

Perguntas não faltam, e a função proeminente do ridículo político é fazer calar. Se o ridículo, em geral, remete ao impensado, o ridículo político serve para impedir que pensemos. A função do ridículo é justamente a de nos anestesiar e conduzir, como moscas tontas, rumo ao papel onde se colam as asas da autonomia política. Assim, sem ter para onde ir, desarvorados, apatetados, muitos preferem cancelar a política, tomando-a como aquilo que faz mal, quando, na verdade, a reinvenção da experiência política seria a única chance de produzir algo de bom, enquanto seres sociais, seres relacionados uns aos outros que, necessariamente, terão que partilhar o mesmo espaço. Ou consumir-se em guerra.

Nos subtítulos seguintes é trabalhada a noção de esteticomania justamente para pensar a dimensão política da estética em nossas vidas em níveis macro e microestrutural. Com o termo *esteticomania* podemos definir uma forma de manifestação da sociedade contemporânea que se expressa por meio de uma espécie de fissura estética generalizada. Essa sociedade é organizada a partir do esquema complexo que envolve o corpo, a imagem, o espaço público da cidade e da vida doméstica. Todo espaço e toda mobilidade corporal, bem como o simples estar no mundo de um corpo vivo, são atravessados pelo poder. Também pelo poder do capital. Nossos corpos são atravessados pela política e pela economia política a ponto de podermos dizer que o capital se tornou um órgão, a nossa própria pele, quem sabe o nosso novo DNA. Mania é a palavra para designar um caráter delirante, um excesso de fantasia, ou uma fantasia particular, sem função ficcional, um estado de autoalienação, ou simplesmente uma compulsão repetitiva. Em palavras simples, um "estar fora de si" que traz muitas esperanças e outras garantias emocionais. Por outro lado, entender por que podemos estar fora de nós mesmos, no que concerne à estética, é algo novo que exige nossa atenção na era do espetáculo, em que a imagem é o grande capital, aquele que cada um busca administrar ou que deixa ao encargo de outros.

A esteticomania se define na criação de uma determinada cultura do corpo e da imagem, de macro e micropolíticas que definem nossas vidas cotidianas nas quais está em jogo sempre uma questão originária e eminentemente pública: a do aparecer. Se, ao longo da história, compulsões e repetições configuraram "delírios" de todo tipo, os delírios no campo do aparecer são especialmente contemporâneos de todos nós. É mais fácil nos tornarmos ridículos quando nossa vida se organiza na forma de cenas em relação às quais somos atores bastante ingênuos. Somos corrigidos plasticamente na ordem real e virtual. Sofremos sob regras estéticas que em tudo são regras políticas. O esteticamente correto, cujo questionamento atravessa o texto, nada mais é do que a regulamentação do aparecer, que é milimetricamente controlado no campo do poder, inclusive tendo em vista a naturalização do que seria ridículo

O esteticamente correto é uma tentativa de contornar e escamotear o ridículo ao mesmo tempo que cuida de naturalizá-lo quando esse ridículo se torna útil ou necessário. Nossa imagem e nossos corpos estão submetidos a leis, assim como o espaço que habitamos. Não há nada mais naturalizado entre nós do que o esteticamente correto que se confunde com o ser e o dever ser das coisas que experimentamos.

Do mesmo modo, nossos direitos sociais e políticos obedecem a padrões e idiossincrasias. O que chamamos de elite — grupos que detém meios de produção em cada setor e, portanto, poder — diz respeito à classe que regulamenta o gosto, o que pode e o que não pode aparecer, o que pode ser visto ou ouvido, sentido e percebido. Sob seu jugo, os demais sucumbem como se tivessem nascido de forma errada, como se seu ser inteiro e seu aparecer fossem aberrações. Nesse sentido, os últimos subtítulos referem-se à reflexão sobre o que chamaremos de Direitos Estéticos. Se a questão estética é uma questão política, é também porque seu lugar é público. Portanto, há que se pensar nos direitos relativos a essa esfera. Ora, se inicialmente é evidente que estar junto a outras pessoas, conviver e relacionar-se dependem de aparecermos uns diante dos outros, é preciso saber que o aparecer regula e é regulado por poder, por violência, por dominações, por leis e regras. Toda sorte de opressão regulamenta o aparecer. Sabemos que os controles políticos e biopolíticos, os controles que definem o lugar dos corpos e o próprio lugar da vida, sempre passam pela ordem estética. Que corpos, que imagens de corpos, que roupas, que moradas, que cidades, que rostos, que estilos, que movimentos corporais são permitidos ou proibidos na ordem da imagem que atinge cada cidadão? O direito à cidade não é sempre também um direito visual (e sonoro) à cidade?

Podemos ter certeza de que a autonomia ética e política passa pelo direito de aparecer, de estar presente no espaço público enquanto sujeito de reconhecimento. Talvez essa palavra, pouco usual em nossas vidas diárias, possa voltar a nos dizer algo.

Creio que as poderosas cenas ridículas não nos deixarão por muito tempo; ao contrário, as ondas fascistas são acompanhadas de um peso estético, de uma deturpação publicitária da imagem que se faz valer à força (lembremo-nos sempre do uso e do abuso manipulatório da imagem na Alemanha nazista). Cenas pertencem a um *continuum* histórico, ao que conhecemos como os próximos imponderáveis capítulos da história. Mesmo assim, a leitura dos quatro últimos subtítulos pode abrir espaço para uma reflexão atenta ao que importa em uma época de consenso estético: a urgência de pensarmos o dissenso em uma democracia está ali, por exemplo, na experiência estética que o "pixo" tem revelado nas grandes cidades. A guerra semiótica da pixação tem algo a nos mostrar no contexto em que o ridículo político foi naturalizado e se tornou consensual. Sabemos, no entanto, que a verdadeira conclusão de um livro de filosofia está sempre na cabeça do leitor e é com sua crítica que devemos contar.

Antes de finalizar, gostaria de dizer que não me sinto tranquila em expor as ideias que seguem sem antes afirmar que a teoria do ridículo político que busco apresentar não quer contribuir para a ridicularização de pessoas ou grupos, mas tão somente para a análise do fenômeno coletivo que nos sugere um conceito hermeneuticamente produtivo.

Qualquer análise responsável precisa expressar seus pressupostos e limites, sobretudo em tempos em que o ridículo está em alta. Se este livro puder abrir um pouco os nossos olhos, talvez eu tenha feito o meu papel de professora de filosofia ao escrevê-lo.

1. Ridículo Político: a ironia impossível ou a retórica negativa do ridículo

Para compreender o ridículo que invade a cultura política, comecemos por pensar uma mútua exclusão, aquela que se dá entre ironia e ridículo. Há um livro de Linda Hutcheon chamado *Teoria e política da ironia*,[1] no qual a ironia é pensada como tropo retórico e uma forma de expressão que se tornou problemática no século XX. De fato, a ironia está em baixa e é por isso que podemos começar falando dela para entender o papel do ridículo em intensa ascensão em nossa época.

A ironia é tão desejável quanto é indesejável o ridículo, o que nos permite colocá-los em uma linha direta de ligação. O ridículo não é uma substância, nem simplesmente uma coisa. Ele é um efeito da linguagem. E, como tal, é o contrário da ironia. Tanto que, quando uma tentativa de ironia dá errado, a sensação do ridículo aparece. Em tempos pouco irônicos, o ridículo tende a aparecer muito mais. Até porque, se a ironia é um tropo da inteligência, o ridículo tem mais a ver com sua ausência, salvo quando se faz dele um uso deliberado e astucioso, como veremos. Cai no ridículo aquele que vacilou, que não tinha reais condições de perceber onde se metia. Sua oposição, contudo, constrói-se no mesmo campo amplo do humor, que não agrega apenas coisas boas e prazerosas como talvez fosse melhor pensar.

No âmbito das aproximações possíveis, assim como a ironia, o ridículo também tem uma cena. Segundo Hutcheon, "a cena da ironia envolve relações de poder baseadas em relações de comunicação".[2] Podemos dizer o mesmo do ridículo. Há relações de comunicação entre as pessoas que permitem perceber ou não a ironia, do mesmo modo que o ridículo. Enquanto todo mundo quer ter o papel do irônico, o papel do ridículo é indesejável. Enquanto a ironia é usada com a intenção de parecer inteligente, justamente por ser cheia de intencionalidade, o ridículo parece absolutamente não intencional. Ninguém, em princípio, quer cair nele. E não acreditamos que alguém o faça de caso pensado (o que não é verdade, mas não vem ao caso agora). Muito fácil, aliás, cair no ridículo quando se está na mira da ironia de outrem ou do próprio destino. Nesse sentido, o irônico seria o algoz do ridículo, aquele que saberia manipular a operação da qual o outro foge. E o ridículo seria uma espécie de presa do olhar alheio e de suas consequências.

Se pensarmos como figura de linguagem, o ridículo não seria um tropo qualquer, mas um tropo negativo. Em princípio, não se poderia usá-lo em um discurso, menos ainda se faz um discurso ridículo, ou se diz uma coisa ridícula sem que se possa dominar o que se diz. O ridículo é da ordem de uma atribuição. A arte da comédia o manipula, mas ela é uma especialidade. Na vida, onde o ridículo surge, para depois ser imitado na arte, o ridículo é outra coisa.

O ridículo, a rigor, e digamos mais uma vez, apenas em princípio, não pode ser usado em favor de quem o comete. Aqui, precisamos fazer uma distinção para poder seguir. A ridicularização é uma tentativa de dominar o ridículo, uma forma cênica ou uma prática na vida concreta que é usada contra o outro. É verdade que posso usar a ridicularização a meu favor; quando humilho outro, posso fazê-lo para parecer melhor do que ele em algum sentido, mas não posso usar o ridículo propriamente dito a meu favor. O ridículo político, cuja teoria precisamos expor, é, sem dúvida, um acontecimento da linguagem — imagética e verbal — cujo impacto performático é variável tendo em vista aspectos objetivos e subjetivos, mas que não deve ser confundido com a ridicularização intencional usada como narrativa — inclusive com fins políticos — ou como arma social.

O ridículo, em geral, pertence a uma outra ordem. Ele surge como um acontecimento contrarretórico. É uma cena da vida, cuja principal característica é sua não intencionalidade. Ele é, ao contrário da ironia, um fracasso do estilo. Como se uma retórica pelo avesso produzisse o supremo efeito de um efeito indesejado: onde gostaríamos de rir, onde tudo nos faria rir, rir se torna algo de algum modo impossível.

Se compararmos o irônico ao ridículo que vem substituí-lo na história de nosso tempo, veremos que ser irônico ainda é sinônimo de inteligência, e até mesmo uma forma de elogio, enquanto ser ridículo é uma espécie de desabono. Tanto que, ao nível dos termos, confundimos o ridículo com um puro xingamento, enquanto ser chamado de irônico sempre parece bom. *Ridículo* é um lugar indesejável para se estar. Um lugar contextual no qual se cai não por acaso.

Sendo um acontecimento da linguagem, assim como a ironia, cabe perguntar o que caracteriza seu jogo. Se na ironia contamos com um parceiro atento à criação da linguagem, às suas nuances, sustentado no mesmo lastro cognitivo da atenção ao sentido, no caso da percepção do ridículo quase sempre nos sentimos sozinhos. Como aquele garoto do conto de Hans Christian Andersen que, vendo o rei nu, criou um problema ao apontar o delírio do consenso em que todos estavam lançados.

A questão vai além das sensações e impressões, ela está objetivamente nas imagens e nas cenas referidas à verdade, aquele evento cujo status é a nudez do rei crente de estar vestido em uma nova roupa riquíssima. A vaidade e o exibicionismo do rei o levaram ao ridículo, à cena ridícula bem armada na seriedade com que cada pessoa fingia acreditar na confecção da poderosa vestimenta. Justamente para não passar por bobos, acabavam fazendo o papel de bobos. A história do menino, o enunciado "O rei está nu" nos faz saber que o ridículo só pode ser percebido quando há uma quebra no consenso comunicativo. Do contrário, como vemos em nossa cultura, em torno do ridículo sempre paira um silêncio, e justamente por isso ele avança na forma de cenas espetaculares que, aos poucos, deixamos de ver.

Vivemos em uma época em que as cenas são mais valorizadas do que nunca. A sociedade do espetáculo seria a sociedade do consenso em torno do ridículo, aquele consenso que serve para naturalizá-lo. Quando a imagem se torna o grande capital, uns têm mais a perder que outros com as cenas vividas, mas todos partilham o ridículo como quem partilha algo de inconsciente. A ironia, sempre muito mais consciente, sempre mais exigente, perde terreno.

Podemos definir o ridículo como uma cena que envolve pelo menos ator e espectador, seja individual ou coletivo, em torno de contradições e absurdos diante dos quais vivemos a experiência de uma comicidade específica. O ridículo pertence ao campo do cômico. Mesmo assim, há algo de sofrimento nele. Ridículo não é aquilo de que se ri confortavelmente como se diante de uma piada. Aliás, uma piada ridícula é justamente aquela de que não se ri muito bem. O ridículo não explica a experiência política como um todo, mas é um fenômeno a ser analisado em nosso tempo.

Como experiência, o ridículo diz sobre um riso que não veio a ser. De um riso atrapalhado por um constrangimento. Nesse sentido, o ridículo é comparável à neurose: onde deveria surgir um prazer, sentiu-se também um desprazer. Por isso, ninguém quer ocupar a posição ridícula. Ninguém quer ser vítima da verdade presente em sua lógica, ninguém quer ser vítima de seu juízo. Pelo menos em princípio.

A cena do ridículo é social e política, tal como a cena em que o discurso irônico funciona. Mas se a ironia é fina e delicada, o ridículo é sempre escancarado e desajeitado. O funcionamento do ridículo em seu contexto, as condições nas quais ele surge, mas também o modo como é manipulado e administrado, e as mutações que sofre são as questões com as quais vamos nos deparar.

2. Riso frustrado

É importante perceber a relação entre o ridículo e o risível justamente porque, embora o ridículo pertença ao campo do risível, não precisamos confundi-los. Nos diversos estudos sobre o tema do riso,[3] o ridículo aparece sempre como uma forma do risível sem maiores consequências.

A comédia que elabora o riso ficcionalmente é arte antiquíssima e, desde Aristóteles, intelectuais e teóricos se interessam por ela e pelo riso como um de seus efeitos. Uma das ideias mais interessantes sobre o riso diz respeito ao "lugar do impensável",[4] no qual os filósofos o colocaram quando perceberam que ele não combinava muito bem com a razão.[5]

A importância do riso na vida das pessoas e das populações é inegável. Seu papel na formação da subjetividade é evidente. O riso é, afinal, cultural. Aprendemos a rir uns com os outros, definimos éticas e políticas a partir dele. Certamente, o riso pode também ser ético ou antiético, dependendo do contexto. A moral do riso, que, na comédia da modernidade, teve um papel ético e político fundamental, perde espaço hoje para um humor cada vez mais conservador e até fascista, em que o politicamente correto e o politicamente incorreto disputam poder contra a inteligência. Mesmo assim, aceitamos com facilidade a ideia de que rir é melhor do que chorar, e que a comédia é melhor do que a tragédia. Em todas as culturas, o gesto de rir está imediatamente associado ao prazer, enquanto o gesto de chorar está associado ao desprazer. Muitas vezes, contudo, rir e chorar alternam sentidos e até se confundem.[6]

O riso é naturalizado em todas as culturas, ainda que não se ria do mesmo jeito, nem das mesmas coisas. Quando fazemos graça, desejamos que os outros riam na gradação adequada ao mote. A etiqueta do riso é local e regional. Há riso que só se compreende no contexto da "piada interna". Já a qualidade do humor relaciona-se ao conteúdo e à forma com que é expresso. O riso também se adapta ao caso. Uma gargalhada não cai bem diante de uma piada interna ou de uma ironia, do mesmo modo que um riso amarelo diante de um comediante profissional é sinal de seu fracasso ou de estupidez da plateia. Ora, o riso é uma espécie de ápice de prazer que surge pela percepção de uma narrativa ou de uma imagem, em que se combinam aspectos relacionados à inteligência do provocador do riso e de seu receptor. Há, portanto, um lastro cognitivo e social, um contexto que permite rir.

As questões estéticas e éticas se entrelaçam a esses aspectos cognitivos relacionados ao conhecimento. O melhor humor pode ser considerado aquele em que tais aspectos se combinam harmoniosamente para produzir uma espécie de *insight*. Porém, do mesmo modo que um vinho fino toca a paladares mais aguçados, educados estética, ética e cognitivamente, o bom humor é artigo finíssimo, dificilmente encontrado em épocas nas quais a brutalidade é a regra.

Poderíamos colocar o ridículo simplesmente no campo do cômico, como aquilo que nos faz rir, e reduzi-lo ao risível. Mas se pensarmos o ridículo como uma cena cotidiana, veremos que, nessa cena, o riso é justamente problemático. No uso dramatúrgico, cinematográfico, que podemos chamar de uso literário do ridículo, ele tem uma função, a de fazer rir, ou criar condições para que isso seja possível. Nesse momento, ele pertence estritamente ao risível. Filosoficamente, o riso foi um momento do pensamento.[7] Já o ridículo — que podemos chamar genericamente de extraliterário, o ridículo no âmbito do mundo da vida, esse ridículo cotidiano que também nos vem pela difusão midiática da linguagem (não apenas da informação, mas de toda a experiência da linguagem em mutação no contexto de seus meios) — não é algo que possa ser definido simplesmente como uma forma de risível, como algo que pertence ao campo no qual se controla ou se administra o riso. Digamos que o próprio riso se modifica no âmbito do ridículo.

O ridículo é o acontecimento cuja cena causa certo grau de desprazer a ponto de poder cancelar o riso que seria a expressão mais especial de algo que se mostrasse cômico. Podemos dizer que o ridículo, nesse sentido, não faz parte do cômico em geral e que, no cômico como gênero ficcional especializado em fazer rir, ele não se encaixa muito bem. Motivo pelo qual podemos denominá-lo como ridículo extraliterário. O ridículo, assim, pertence muito mais a um intervalo entre ficção e realidade, entre risível e não risível. Concordamos que os fenômenos do riso e do ridículo são muito próximos, surgem da mesma etimologia, mas, entre o risível que nos faz rir e o ridículo como uma cena espetacular de constrangimento, há um fosso intransponível.

Lembremos de um comediógrafo tão especial como Aristófanes, para quem o cômico tinha, sobretudo, intenções políticas. Em *Lisístrata*, sua peça mais famosa, ele desejava mostrar como homens oprimiam mulheres, vivendo bem em seus privilégios, enquanto, ao mesmo tempo, apontava a fragilidade das mulheres relativamente aos próprios propósitos. Podemos dizer que, na forma como ele expõe a misoginia, ele a ridiculariza, pois mostra pelo absurdo e pelo vexatório, pelo imoral, a precariedade radical daquilo que estava naturalizado na cultura. Segundo consta, a peça foi escrita com a intenção de interferir na guerra do Peloponeso, que já não fazia sentido para muita gente (quem dera que os textos tivessem algum poder em nossa cultura!). Aristófanes pratica uma espécie de escancaramento para fazer ver alguma coisa de invisível e, nisso, poderíamos dizer que ele trabalha construindo o ridículo justamente para politizar a estética. O riso, o "não lugar" do pensamento, para usar uma expressão de Verena Alberti, é bem utilizado para fazer pensar.

É evidente que a ficção pode usar a ridicularização para alcançar o risível, mas, sob a consciência e a preparação para o riso, o ridículo é totalmente diferente em sua forma e em seu efeito. Muito diferente de um cair no ridículo que, espontaneamente, surge na vida cotidiana. Na arte da comédia, me parece mais correto dizer que ocorre uma "risificação", um efeito de liberação emocional no riso que o cômico, por assim dizer, organiza, e que não acontece no ridículo real vivido no limiar de outros afetos e sentimentos.

No caso do ridículo extraliterário, esse ridículo vivo, pode-se dizer que, quando ele surge, é preciso rir para não chorar, sem que, contudo, se possa rir ou chorar verdadeira e sinceramente. Como conseguimos produzir essa situação? Que espécie de cena nos leva a esse entrave, a esse paradoxo em que riríamos de algo não risível e não riríamos de algo visível? Talvez, possamos falar de uma mudança do regime do riso e do ridículo. Os antigos possivelmente não tinham a dimensão do uso do ridículo como acobertamento de si mesmo, tal como se propõe agora por meio da análise do ridículo político. O momento em que o "não lugar" do pensamento é manipulado. O que vale nos termos do ditado latino *castigat ridendo mores*, ou seja, rindo, "castigar" os costumes, parece que muda absolutamente quando se trata do ridículo contemporâneo. Se o ridículo antigo, usado na produção do riso, podia corrigir os costumes, o ridículo de hoje parece, muito mais, deturpá-los, sobretudo quando o ridículo encontra a política.

Isso só pode ser dito se nos afastamos de qualquer moralismo que nos leve a desejar algo como um mundo melhor e a contribuição que o ridículo poderia ter nesse processo. Fiquemos longe desse tipo de proposição idealista que pensa que tudo é para o bem. Sem dúvida, se o riso é desconstrutivo, ele tende a nos ajudar socialmente, mas o ridículo não é simplesmente a comédia, não é a piada, não é a graça em si mesma. Se olharmos por um prisma moral, o ridículo contemporâneo não é o riso que pode nos melhorar, mas justamente aquilo que ajuda a nos piorar. Exemplos não faltam; mencionarei apenas um que vem à tona no momento em que escrevo: um deputado, que em seu passado foi um conhecido cantor sertanejo com uma performance bastante sensual, tornou-se pastor e propôs uma lei para proibir a masturbação. Creio que, neste momento, não seja preciso dizer mais nada, embora alguns tenham se apressado em julgar.

Há algo de limiar na experiência do ridículo. O ridículo seria a condição de um risível no qual ninguém gostaria de cair e que, assistido, causa constrangimento no espectador. É como se o risível tivesse sido caricaturizado, sem que, ao mesmo tempo, se tornasse uma caricatura. Como se prometesse o grotesco, sem no entanto chegar a ele. O ridículo seria, portanto, um tipo de efeito desprazeroso, uma distorção, uma deturpação, no sentido estrito de uma degeneração do riso. Daí a estranheza do sentimento que, em si mesmo, parece contraditório, enquanto, na verdade, é apenas uma zona de indistinção em que toda sorte de mal-estar entra em jogo.

No contexto do mal-estar, o ridículo aparece como um miasma, não exatamente uma emoção, muito menos um sentimento. Ainda muito inconsciente, uma espécie de afeto, mas do nível do ressentimento, o espírito daquilo que não deveria ser. Talvez, sua melhor definição seja o humor frustrado. No fundo do ridículo, o riso é apenas uma espécie de borra que não conseguimos tocar.

3. Vergonha alheia: seria cômico se não fosse trágico

O que mais se aproxima do ridículo político em nossa experiência é o que chamamos de "vergonha alheia" ou vergonha universal. A vergonha que sentimos pelo outro. Um outro que não conseguiu, ele mesmo, sentir vergonha. É curioso que não surja o sentimento de vergonha alheia por quem sente vergonha. A vergonha do outro nos causa piedade e compaixão.

Quem cai no ridículo genérico e extraliterário vive a sensação de vexame. Um personagem que demonstrasse sua vergonha escaparia do ridículo. Isso quer dizer que, genericamente, o ridículo é um lugar no qual nos pomos pela falta de vergonha. A vergonha, por sua vez, constitui uma certa medida do olhar do outro, mas também uma medida do outro. Em geral, nos envergonhamos quando sentimos respeito por quem nos vê. É claro que temos que nos perguntar sobre a qualidade desse olhar, mas, por enquanto, basta saber que a vergonha também funciona em gradações. Seu excesso pode ser mortal, mas sua falta também.

A vergonha sinaliza para o mal-estar no intervalo entre um riso possível e um riso impossível que caracteriza o ridículo. Há, na presença do ridículo, algo de desajuste, algo que não deveria ter acontecido, mas que se deu à revelia do que deveria ser. Algo que, necessariamente, está exposto, já que sua natureza é a exposição. Daí que, no extremo, o ridículo lembre às vezes o delírio, a loucura, tudo que parece, em concreto ou em abstrato, totalmente sem lugar.

Por isso, diante do ridículo, em seu contexto ou atmosfera, acabamos por "quase rir". Sentimo-nos constrangidos e não podemos rir de todo. Não rimos em sentido estrito quando somos os espectadores especiais desse mau gosto, dessa má expressão que causa uma espécie de efeito absoluto enquanto ele é, também e ao mesmo tempo, um efeito indesejável. Ao observar a cena ridícula, nos incomodamos ou nos vingamos dizendo bem-feito para aquele que nela faz o papel de personagem. É que o constrangimento freia o riso. Nesse caso, o ridículo é a aparição mais séria e preocupante do bordão "seria cômico se não fosse trágico".

Todos cometemos atos vergonhosos diante uns dos outros. Se estivéssemos atentos, em estado de pensamento e reflexão mais cuidadosos, viveríamos a sensação do ridículo com mais frequência. Observaríamos melhor o mundo e, talvez, perceberíamos que ele é menos engraçado do que parece. Mais atentos, teríamos também mais vergonha. Não é por acaso que o declínio da atenção, e uma verdadeira cultura da desatenção,[8] se desenvolve ao mesmo tempo que o declínio social da vergonha. Mas vivemos em uma época de muita distração e perdoamos o ridículo com mais facilidade, tanto por percebê-lo menos, quanto por evitar notá-lo. A distração é, por sua vez, uma poderosa defesa contra a vergonha, esse sentimento que é capaz de chegar a um profundo mal-estar. Justamente o que vem à tona quando o ridículo se intensifica.

4. Sobre o falar merda e a naturalização do ridículo

Sabemos que é impossível não cair no ridículo de vez em quando. O ridículo é como um poço no qual se mergulha com a ponta dos pés ou até o pescoço. Esse poço, contudo, não é cheio de água cristalina. Em termos sociais, não há, a propósito, água cristalina. Não foi à toa que Freud chamou o inconsciente de Aqueronte, o rio do inferno. O poço da nossa metáfora está cheio da mais densa e indesejável das matérias. Não há metáfora melhor do que a merda para expressá-la. Em termos simples, podemos dizer que está fora de cogitação não fazer ou não falar nenhuma merda ao longo da vida. "Errar é humano", diz o ditado. Cair na merda e afundar nela também.

Referi-me acima ao ridículo trazendo à discussão o termo "merda" com intenções epistemológicas, tal como fez Harry Frankfurt em seu célebre livrinho *Sobre falar merda*.[9] Seria mais elegante e educado dizer bobagem, besteira ou "impostura". A última aparece na meditação de Frankfurt para ser justificada e logo descartada. A primeira e a segunda são comuns em nosso vocabulário. Apesar disso, esses termos não alcançariam o conceito que apenas a imensa carga metafórica da palavra *merda* nos garante. É bom saber também que não é porque a palavra seja amplamente usada no senso comum que ela não tenha validade epistemológica. O senso comum é apenas a inconsciência disso.

Frankfurt está preocupado com a falação de merda que, para ele, se tornou um traço notável de nossa cultura, com o qual cada um contribui à sua maneira sem, no entanto, preocupar-se muito com isso. Essa despreocupação, que nos permite falar merda sem culpa, é um problema sério, o problema do descaso para com a verdade. Pode ser que a verdade não exista, a verdade talvez seja um conceito questionável, mas a perda do seu caráter, de seu valor, diz muito sobre todos nós. Falar por falar, praticar a falação, que, para Frankfurt, tem tudo a ver com o falar merda, pode parecer algo sem propósito e sem mais consequências, mas ele pensa que isso prejudica demais a verdade sem a qual tudo o que fazemos em termos de linguagem vai muito mal.

Veremos que as coisas são mais complicadas também com o ridículo. O falar merda está para a verdade como o ridículo está para a vergonha. Nossa queda no ridículo se dá por nosso desprezo pela vergonha, pois não estamos muito preocupados com o que os outros pensam verdadeiramente de nós, com sua estima ou desestima, apenas queremos sua aprovação e, preferencialmente, de antemão. Uma covardia diante da crítica cria as condições para uma cultura em que a falação de merda é tratada como normal e a ridicularização é cada vez menos percebida, a ponto de, quando percebida, não causar muitos problemas ou, no extremo, tornar-se até um capital.

A relativização da verdade não é um problema, mas nosso desinteresse por ela é que dá margem a todo tipo de manipulação. Ora, se meditarmos nessa linha relativamente à vergonha, temos consequências interessantes, pois a vergonha tornou-se algo tão desimportante quanto a verdade, um sentimento anacrônico e descartável, como se ela fosse apenas uma desvantagem emocional de pessoas apegadas a valores ultrapassados. A sociedade capitalista gosta de tratar como conservador tudo o que não consegue transformar em mercadoria. E, sem dúvida, a falta de vergonha rende mais.

Ora, a melhor estratégia de sobrevivência diante de situações vexatórias que porventura venham a acontecer no contexto da sociedade do espetáculo é manifestar-se sem vergonha alguma. Há projetos, empreendimentos e personagens em muitas cenas que temos socialmente como ridículas, mas que acabam por ter muitas vantagens sociais, econômicas e políticas justamente por darem as costas à vergonha. Aqueles que vivem um escândalo, caem no ridículo, mas, como o ex-presidente da Fórmula-1 fotografado em uma espécie de orgia nazista, não se deixam abater, podem até se tornar heróis do politicamente incorreto.

A maior parte da publicidade de nossa época manipula isso. A publicidade, aliás, é a arte da manipulação da informação para os fins mais diversos.

É uma forma de retórica em tempos pós-modernos. Na era do espetáculo, a publicidade é a lógica que preside a comunicação. Talvez sua própria lei. Na sociedade do espetáculo, um tipo de cultura da imagem que é introjetada por todos, o importante para a maior parte das pessoas passa a ser justamente o mero aparecer, sem que precise dizer algo que faça sentido ou que seja verdadeiro. O ridículo expressa esse estranho valor relativo à condição de que não importa como se aparece, pois o aparecer tornou-se um valor em si.

Toda uma tradição filosófica de viés metafísico sustentou-se na oposição entre ser e aparecer. Da mesma maneira, o senso comum até hoje se vale dessa distinção. Historicamente, muitos defenderam a ideia da falsidade do que aparece. Hegel, em sua filosofia, veio a dar um lugar especial ao aparecer, mostrando que a verdade necessariamente está no que, de algum modo, aparece. Kant e Schopenhauer também apostaram nos fenômenos e nas representações que em tudo têm relação com o aparecer. Já o que estou chamando de ridículo é um regime cênico concreto, que mudou aquela relação de oposição entre o ser e o aparecer anteriormente tão fácil de entender. O ridículo não é da ordem da verdade do aparecer, tampouco da oposição entre ser e aparecer. Ele não é a verdade ou a mentira do aparecer, mas o aparecer da mentira que se faz verdade. E da verdade que se faz mentira. Assim, numa justaposição de cenas. O ridículo é todo um "como" que se oculta enquanto tal, uma forma que oculta a sua própria forma enquanto, ao mesmo tempo, a demonstra. Parece algo que não está acontecendo e, por isso, dá a sensação de algo absurdo. Como a política que oculta a política ao dizer-se não política.

O operador "como" implica a forma. Quando a perdemos, não há garantia de que sobre algum "conteúdo". De Hegel a Adorno ouvimos que a forma é conteúdo sedimentado. Ora, no ridículo político, podemos dizer que a forma ensina alguma coisa do conteúdo, que o pior veio à tona, que por trás da máscara não há um rosto.

A vida cotidiana tem sua dimensão de comédia e de tragédia. Há nela algo que inspira a ficção. Algo que, para usar um termo bem aristotélico, pode ser mimetizado. Ora, a vida e a arte se assemelham, mas não são a mesma coisa. Trata-se, quando tocamos nessas questões, de entender a relação entre a vida e a arte; mas, no caso do ridículo, as coisas são mais complicadas, porque o ridículo tem algo de ficção enquanto, ao mesmo tempo, parece destituído dela; parece algo da vida enquanto, ao mesmo tempo, também parece estar em conflito com ela. Com o ridículo é como se, de repente, aquele impensável do riso se tornasse uma espécie de real excessivo. E esse hiper-real, esse quase virtual, tão falso por ser verdadeiro, tão verdadeiro por ser falso, se tornasse um estilo. Um estilo que não antecede a política como seria de se esperar, mas que está no íntimo da sua forma contemporânea.

5. *Homo ridiculus*: uma mutação da cultura na era do espetáculo

O ridículo só não é mais notado porque estamos desatentos. Falar dele, pensá-lo é uma tentativa de desnaturalizar o lugar-comum que ele ocupa em nossas vidas.

Estamos submersos no que podemos chamar de cultura do ridículo, que torna o fenômeno tanto mais natural quanto menos é valorizado e notado. E, de fato, talvez o ridículo tenha perdido o seu valor de exposição ao fazer parte do espetáculo que, tal como no conceito de Guy Debord, define uma cultura mediada pela imagem. Se a sociedade do espetáculo é aquela em que a imagem é a mediação, o que acontece quando a mediação se dá pelo ridículo?

Surge uma cultura em que o ridículo passa a ser o que se considera normal. No contexto da naturalização, todos são colocados no mesmo lugar. Se todos somos ridículos, podemos dizer que ninguém mais é. E isso, infelizmente, não quer dizer que superamos o ridículo, que já estamos em outro patamar em que gosto não se discute novamente, mas que recalcamos tudo aquilo que constitui esse gosto, aquilo que nos faz ridículos. Sabemos, no entanto, que o recalcado volta; porém, como ele irrompe entre nós? Certamente como arte e mais ainda como política. Mas é um fato que o recalcado volta também como transtorno. O ridículo não é um transtorno mental, como poderiam dizer os mais irônicos, e sim o nome próprio de uma espécie de transtorno estético.

Esse transtorno fala da cultura, expõe a cultura como um sintoma, para usar um termo psicanalítico. Esse sintoma é coletivo, como em uma histeria coletiva, mas relativa ao caráter, ao modo de ser e de aparecer. Ocultado pelo processo de naturalização, percebemos apenas as manifestações que se tornam mais fortes, aquelas que são capazes de perfurar a blindagem da percepção que nos protege da vergonha. Percepções atentas, olhos abertos e corpos sensíveis a esse estado de coisas são cada vez mais raros.

Lembro de um amigo que usava a expressão "sem noção, caixa-alta" para designar aquele que se expõe ao ridículo sem vergonha alguma. O ridículo naturalizado em um nível exemplar. Ele falava no sentido de quem se faz notar pelo absurdo, sem perceber como se expressava, inconsciente de seu próprio falar merda, para voltar a uma categoria fundamental relacionada ao ridículo. Seguindo essa conceituação, podemos dizer que no evento ridículo há a percepção da merda dita ou feita, raramente por parte de quem participou da cena ativamente e mais comumente por parte de quem flagrou a fala, a ação ou até mesmo o resultado dela.

O elemento de farsa está necessariamente presente na cena ridícula. E trata-se de uma cena: há nela algum personagem, animado ou não. O personagem da cena ridícula é uma espécie de mentiroso que acredita na própria mentira. Alguém que, ao mentir para si mesmo, o faz na condição de vítima do seu próprio espetáculo. No ridículo político, a cena pode levar a vantagens pessoais ou coletivas a partir de uma posição que tenderia a ser desabonada quando os participantes se encontram.

É nesse ponto que podemos supor o surgimento de um novo tipo de subjetividade entre nós, que seria o "sem-vergonha", no sentido técnico de uma falta, por ingenuidade. O tímido seria o seu oposto, aquele sujeito em cujo interior está o medo do ridículo. Com más intenções, o personagem, o corpo físico dessa cena, poderia ser chamado de boçal, cretino, de cínico ou de canalha. *Homo ridiculus* seria um nome para essa nova condição subjetiva em que o fingir para si mesmo tornou-se regra. "O que se ganha com isso?", podemos nos perguntar, como Freud diante de uma neurose. Talvez viver sem maiores preocupações, talvez não parecer pior do que de fato se é, talvez evitar dor e sofrimento. Talvez, ao aprender a manipular o que se é, se ganhe algum poder. A manipulação do ridículo, contudo, não é algo simples. Mas, entre nós, ela transformou o ridículo em um verdadeiro capital.

6. O ridículo como capital

Podemos desenvolver uma escala em cuja base colocaríamos o ridículo por ingenuidade ou prosaísmo, aqueles microrridículos na microfísica do poder que funciona como um dispositivo no dia a dia: as pequenas manifestações diárias e cotidianas que cidadãos comuns realizam na esfera privada ou na pública, na família, no trabalho, nas ruas. Por esse caminho, tendemos a pensar que o ridículo não vale muita coisa, mas não é bem assim.

O ridículo é, sobretudo, uma justaposição de cenas. As cenas são mais do que simples imagens na era do espetáculo. Uma cena envolve uma interpretação, um recorte, um conceito. Compreender o ridículo passa, em nossa época, por compreender a sociedade do espetáculo, pois o ridículo seria uma espécie de estilo dessas cenas, um modo como elas se apresentam. Segundo Guy Debord: "O espetáculo não é um conjunto de imagens, mas uma relação social entre pessoas, mediatizada por imagens."[10] Do mesmo modo, podemos dizer que o ridículo também não é um conjunto de cenas, mas uma relação social mediatizada por cenas. Essas cenas têm poder, elas são o próprio capital espetaculoso, exibicionista, ostentatório. Talvez não seja um exagero dizer que o ridículo e o espetáculo se confundem. Se em Guy Debord o espetáculo é o capital a um tal grau de acumulação que se torna imagem, nossa questão é entender em que sentido o próprio ridículo pode ser acumulado. Seu acumular-se implica um efeito e um modo de afetar os grupos.

Em uma economia política da imagem, o ridículo seria o principal elemento de nossa época. Uma época na qual pessoas de todas as classes se interessam pela fama sem perceberem como ela é uma deturpação do reconhecimento. A fama é do campo do ridículo como estilo e como prática, mas, enquanto ela é desejada, o reconhecimento é preterido.

No contexto da sociedade do espetáculo, o ridículo expressa sua relação com a fama na forma de cenas publicizadas em redes sociais. O ridículo chama a atenção e, por isso, é tratado pelos cidadãos em redes sociais, na internet, como um capital. Antes, o cinema e a televisão detinham os meios de produção e controle das imagens e, assim, do ridículo. Hoje, o ridículo é para todos, em uma nova democracia sobre a qual ninguém poderá ser irônico.

Mesmo assim, há gradações e escalas do poder do capital no tempo do ridículo. Um cidadão pouco famoso, ao protagonizar uma cena ridícula, provavelmente terá sua vida pessoal menos afetada do que alguém muito conhecido. No topo da escala do ridículo estariam os personagens e os feitos mais caros ao capitalismo e ao espetáculo como especialização do capitalismo em sua fase visual. Nesses casos, o ridículo teria o poder de prejudicar muito a vida de alguém, até mesmo de acabar com sua vida profissional ou pessoal.

Lembremos de algumas pessoas famosas, cujo capital social está alinhado com a imagem no sentido de valor do capital. Lembremos daqueles astros de cinema que são pegos praticando ações que, mesmo incomodando um pouco, não trariam maiores problemas a cidadãos comuns. Hugh Grant, Winona Ryder (para citar exemplos distantes de nós e poupar os brasileiros) e tantos outros que já foram pegos em cenas ridículas. No caso dos famosos, aqueles que vivem da fama como capital, cair no ridículo é o pior dos negócios. Ora, torna-se ridículo justamente aquele que não pode mais se livrar da fama que criou e que pagará um certo preço por ela, o de ser visto a partir da cena ridícula na qual foi capturado. Aquele que participa de uma cena ridícula dificilmente voltará a ser levado a sério. Mas, como veremos, ele pode também voltar a capitalizar-se quando voltar à fama por meio do ridículo.

Podemos nos lembrar de várias cenas ridículas, e é difícil citá-las, pois elas sempre podem fazer lembrar de cenas que seria melhor esquecer. A cena é um componente essencial ao evento ridículo. Em uma época como a nossa, em que quase todos têm acesso a câmeras, sendo participantes de uma vasta produção audiovisual, cenas ridículas e ridicularizáveis proliferam em jogos que são de poder.

O "audiovisual popular" participa desses jogos. Proliferam vídeos nas televisões e na internet em que o ridículo é a questão. Um homem de cuecas pula a janela sobre um colchão de água armado por bombeiros enquanto é visto por um multidão perplexa, que brinca, mas quase não ri, a temer um desfecho trágico para a cena. A mulher, de cujo quarto ele saiu, tenta acalmar o marido na sacada do prédio. O homem, dando de ombros, rechaça as presenças intrometidas e segue seu caminho.

O que chama atenção nessa cena, em relação à qual podem surgir diversos sentimentos, é que ela parece exemplar da mutação contemporânea do ridículo. No passado, uma cena como essa seria o fim para todos os envolvidos ou se tornaria uma peça de Nelson Rodrigues. Em um contexto de valorização da vergonha, as pessoas fugiriam, se esconderiam para sempre. Hoje, o ridículo tem um efeito de báscula girada para a posição inusitada da vantagem, como esse homem que sai da cena ridícula dando de ombros e andando altivo. Quem não tem vergonha leva vantagem e pode, inclusive, se proteger daqueles que fazem o jogo da vergonha — também usada contra os outros no contexto da cultura do ridículo.

Há poucos anos, alguns atores e esportistas famosos mostraram seus órgãos genitais para uma mulher, virtualmente. Segundo consta, ela os estimulou a fazer isso e depois acabou por expô-los na internet, depois de uma chantagem sem sucesso. Independentemente da questão ética e moral envolvida no fato, é inegável o peso da exposição ao ridículo vivida pelos agentes em questão. Aqueles que assumiram o ridículo sem vergonha continuaram suas vidas como se nada tivesse acontecido, mas aqueles que se envergonharam desapareceram da cena. Um evento como esse nos faz pensar que a vantagem do ridículo se dá pelo declínio da vergonha, que, desvalorizada, mostra que ela já não vale a pena na sociedade do espetáculo, uma sociedade caracterizada pelo preço do aparecer a qualquer preço e por uma banalização desse mesmo aparecer.

Ao contrário, quem percebe o jogo do ridículo e aprende a manipulá-lo, pode se tornar até presidente da República.

7. A astúcia do ridículo

Nesse ponto é que o ridículo se manifesta como astúcia. O ridículo astucioso cresce em nosso tempo por meio da aparência de boçalidade, da imagem de bobeira, do passar-se por descompromissado sem maiores consequências, da falação descuidada ou indiferente, daquilo que, na gíria atual, parece zoeira. Há quem ganhe a vida honestamente com a prática da zoação: o comediante, o palhaço.

Mas a profissão do risível, inclusive o uso do ridículo como elemento cênico por um palhaço profissional, não configura o ridículo em seu momento astucioso. Enquanto o palhaço desenvolve seu estilo em um esforço artístico, compondo uma verdadeira estilística do ridículo, na vida que transcende a obra de ficção na qual a produção de um personagem se dá a ver, aquele que cai no ridículo, sobretudo, cai na hiperexposição de um contrassenso e, por isso, causa constrangimento real. O ridículo astucioso, como precisamos ver, se vale desse contrassenso.

Quem pratica a astúcia do ridículo não teme parecer porque ganha algo com seu modo de aparecer. Ganha mais do que um palhaço profissional, certamente. Imaginemos um personagem qualquer da vida diária que, mesmo sendo muito rico, e não precisando de dinheiro algum, se coloca em posições ridículas. Alguém que já tivesse muito poder, como alguns donos de empresas de telecomunicações que conhecemos pelo mundo afora e no Brasil. O que alguém nessas condições ganharia ao colocar-se na cena ridícula? Alguém pode se tornar ridículo por prepotência, por pensar que tem o direito de fazer o que quiser publicamente, inclusive humilhar pessoas, como vemos em programas de televisão, mas fica a pergunta sobre o que se obtém nessas circunstâncias, quando dinheiro e poder não são exatamente o objetivo. Podemos sempre pensar que se trata de ganhar mais dinheiro e mais poder. Mas também podemos refletir sobre o ridículo em termos psicopolíticos e nos perguntar: não seria também o caso de conseguir uma compensação emocional, que muitos encontram apenas com o dinheiro excessivo e o poder descomunal e outros nem mesmo com eles? Nesses casos, é possível entender que, em um sistema de compensação, a exposição do outro ao ridículo serve também para acobertar o seu próprio. Talvez o ridículo faça parte de uma economia psíquica perversa ou autoritária que oculta uma profunda miséria subjetiva e que se mostra justamente para tentar se esconder.

Há, sobretudo em política, quem estranhamente não tema ser ridículo e, como veremos adiante, quem se aproveite do ridículo como estilo que se imprime a uma cena, muitas vezes para dizer ou fazer aquilo que, sem se colocar na cena ridícula, não poderia dizer ou fazer. Há quem consiga unir os dois lados, da palhaçada e da política, mas não enquanto palhaço, profissional — cuja profissão é em si mesma política no sentido amplo desse termo —, e sim como político profissional. Se um palhaço é sempre político, não se deve dizer que o político seja sempre um palhaço, como se diria debochadamente. É de se perguntar, nesse contexto, sobre a cada vez mais rara profissão de palhaço, que leva a sua arte a sério, enquanto a palhaçada política é cada vez mais usada tanto contra a política quanto em desabono da arte do palhaço.

As palhaçadas na política estão muito aquém do trabalho sério do palhaço, é preciso dizer. Tanto que o termo não parece adequado senão se o usarmos coloquialmente para dizer sobre algo que não se deve levar a sério. Entre a ficção da arte e a insinceridade dos falastrões, há um abismo. Ora, o ridículo como performance real partilha com a falação de merda o descuido e a impropriedade. O falar por falar. Assim como o falar merda, o ridículo também é caracterizado pelo despreparo. Isso quer dizer que ninguém consegue elaborar o ridículo, mesmo quem o utiliza astuciosamente não tem total domínio sobre o que faz. Isso nos faz pensar que algo ou alguém que possa ser classificado como ridículo não deixa de ser ridículo porque aprendeu a usá-lo a seu favor, como se pudesse dirigir a cena da qual é personagem. E é aí que o ridículo apresenta seu ápice de astúcia. Aquele que foi traído pelo destino das próprias performances aprendeu a dar a volta por cima com o que nele era precariedade. Aprendeu a controlar os efeitos da precariedade da própria imagem, inclusa nessa imagem a própria fala. Como personagem, ridículo seria aquela personalidade ostentatória que, em termos políticos, cresce pelo falar merda elevado a discurso. Ao atingir a astúcia, o personagem ridículo dirige a cena naturalmente, apenas sendo ele mesmo. É responsável também, nesse sentido, pela "naturalização" do ridículo na cultura.

Diante disso, a urgência da crítica se renova, mas em tempos mal-humorados, em que ridículo é o que se teme e onde se está, a crítica, assim como a ironia, não é bem-vista.

8. A indústria da cultura como estilo desestilizado

O ridículo é todo um estilo desestilizado que passa a valer como capital. Como cena que justapõe o risível e o não risível, localizamos o ridículo nos bens da indústria da cultura alinhada ao espetáculo com os fins da mistificação das massas.

O problema da indústria cultural começa com o que Adorno e Horkheimer perceberam muito bem: a indústria cultural confere a tudo um ar de semelhança.[11] Digamos que esse ar é hoje o do ridículo. A padronização estética e ética da vida e a estetização da política são dois lados da mesma moeda que o ridículo vem nos fazer conhecer. Mas o ridículo é apenas a ponta do iceberg político do nosso tempo.

A indústria cultural atingiu a política por meio da publicidade, deturpando a política em imagens estereotipadas e manipuláveis. Mas isso é apenas aquilo que podemos conhecer dos processos que entrelaçam o estético ao político. Mais uma vez uma metáfora da superfície pode nos ajudar: é como se conhecêssemos a casca de uma ferida embaixo da qual jaz a carne infectada. A política é feita de imagens, de cenas e personagens e também de processos densos que as imagens nos ajudam a conhecer desde que saibamos lê-las como representações, como fenômenos de processos infinitamente mais complexos, ainda que a chave para abrir a porta do problema esteja exposta aos nossos olhos, aos nossos sentidos. É a verdade do aparecer que está em jogo. O aparecer é o verdadeiro que, desde o acordo com o "falar merda", transformado em uma espécie de paradigma simbólico de comportamento, desapareceu.

Aquilo que chamamos de indústria cultural é uma espécie de maquinário, um grande programa, produtor da vida em geral, da vida imaginária e simbólica, e dos bens que as representam. É nesse sentido que podemos dizer que a indústria cultural é também indústria cultural da política e indústria cultural do próprio ridículo político enquanto ele é mercadoria e poder. A ascensão de certos políticos exemplares é a irrupção desse movimento estético-cultural. Eles são como feridas políticas, em cuja base se encontra toda a putrefação institucional, a grande e verdadeira corrupção produzida pelo poder a serviço de si mesmo e, em nossa época, do capital.

9. O padrão do gosto

O ridículo, nesse caso, tem a ver com o "gosto dos outros", medido por um patamar de consciência quanto ao que se experimenta esteticamente. O gosto das massas é mistificado, o gosto é aquilo que se vende a elas, enquanto, ao mesmo tempo, se naturaliza a produção e a recepção dos bens pra que as massas pensem que desejam o que compram. Essa naturalização no seio do capitalismo estético deve fazer parecer que nada foi vendido e que não se trata de mercadorias.

Ora, cada pessoa e cada classe social medem o gosto dos outros pelo próprio, como se o seu fosse o verdadeiro gosto. Confunde-se, aliás, esse "verdadeiro" gosto, o que se conhece na pele, com o bom gosto. A consciência quanto ao gosto não é necessariamente crítica e serve, em geral, à mistificação dele próprio. A crença de que é necessário ostentar o próprio gosto como um estilo torna-se a base de regra de conduta. A ostentação é um comportamento gerado por valores e fatores estéticos.

No que concerne à produção do ridículo, a indústria cultural obedece a um jogo em que a imitação é a regra. Ela se reproduz por cópia. A partir de um padrão definido pelos donos do capital estético, donos dos meios de produção das mercadorias estéticas, todos os demais criam e consomem suas obras. Assim como novos ricos imitam os velhos ricos, como velhos ricos imitam aristocratas, os novos estilos musicais ou artísticos industrializados não são apenas derivados espontâneos de estilos anteriores, mas são seguidos como em uma reprodução técnica de mercadorias. Afinal, foram, como todas as coisas, reduzidos a elas na era do capital.

O padrão do gosto é vendido nas formas estéticas mercadologicamente estabelecidas. Se o mero usuário do ridículo tem algo de ingênuo em relação a essas regras, se quem usa o ridículo o faz por ingenuidade, o que não vale de um modo absoluto para todos os casos, não se pode dizer o mesmo dos produtores e artistas que administram esse padrão e o introduzem na cultura. A ingenuidade não é necessariamente um problema, senão quando a questão é o poder que conta com ela para acalmar seus críticos potenciais.

É interessante perceber como as macrotendências da música capitalista, por exemplo, penetram nas musicalidades nacionais e regionais. Assim, uma economia política da música,[12] bem como uma economia política da audição, nos ajudaria muito a entender o acordo em torno do imenso ridículo musical que evitamos a todo custo expor sob pena de mau comportamento estético--político. Qualquer um que critique o cantor de ópera ou o roqueiro *poser*, o cantor brega, a banda de axé ou sertanejo universitário, pagará seu preço, como se o ato crítico fosse apenas mau humor. A crítica pode ser mais do que um gesto que resulta do gosto introjetado e que, do seu ponto de vista hegemônico, se coloca a disputar julgamentos de gosto. Nada disso pode ser dito sem ter em vista que a história da arte implica sempre um conceito histórico de arte, portanto, um conceito construído e alterado no tempo. O gosto é forjado. Mas, quando falamos de indústria cultural, o fator "arte" é o que menos importa.

10. A crítica indesejada e o dispositivo do gosto

Nos tempos em que é obrigatório aderir ao esteticamente correto como aceitação generalizada do uso, consumo e fruição dos bens culturais, a crítica se torna indesejada em todos os contextos. Talvez por isso a crítica tenha, de certo modo, desaparecido. Estigmatizadas, as tentativas de compreensão intelectual do fenômeno se perdem como se o apoio e a aprovação do que se faz em termos culturais fossem naturais. Não são naturais para ninguém, nem as formas que surgem como contraposições revolucionárias contra o *status quo* do gosto deveriam ser poupadas da análise estética, uma análise sempre atravessada pela política. A guerra dos gostos é desigual. E os teóricos que nela se intrometem correm sempre o risco de pecar por bom comportamento estético-político.

Analisada com cuidado, a questão estética coloca as teorias políticas bem-comportadas em perigo, tanto quanto a falta dessa análise faz o capital e o mercado serem aplaudidos sem reservas. Essa crítica não está isenta do gosto e só pode se exercer se nivela todas as produções para então compreender sua história e os jogos de poder que a sustentam, inclusive a crítica. Do mesmo modo, perceber o estilo como uma invenção e, desse modo, ter a chance de compreendê-lo parece ter se tornado anátema entre os cidadãos que têm no gosto uma espécie de dispositivo de autoaprovação instantânea. Assim como Foucault, ao analisar o dispositivo do sexo, percebeu sua armadilha, o gosto também é uma armadilha concernente a uma verdade do sujeito acerca de si. Por isso, quando se diz que "gosto não se discute", ninguém está autorizado a desmascarar jogos de produção do gosto. Quem percebe o uso que o poder faz do gosto será intimidado.

O ridículo em questão liga-se a uma produção de gosto no capitalismo estético. Só quem não pode saber disso é o usuário das mercadorias, aquele sujeito rebaixado a consumidor, que não deve saber o que está sendo feito dele. Quem souber deve entrar no acordo cínico do gosto em vigência sob pena de perder alguma coisa, afetos, uma compreensão de si conquistada. A indústria cultural é astuciosa e produz gosto para todos os públicos, de maneira que sempre é possível, por meio da própria diversidade orquestrada, combater o argumento de que ela seja autoritária, pois se entende que a simples multiplicidade da produção é garantia de democracia, e isso não é verdade.

A experiência do gosto é tida na escala individual como algo muito próprio. Nesses casos, o ridículo é ingenuamente vivido por uns e maldosamente enunciado por outros. Mesmo sendo relativo a um contexto, o ridículo é também sempre relativo a um outro.

O julgamento do ridículo que faz alguém dizer "isto é ridículo", ao contrário do julgamento sobre o belo que reivindica universalidade, tal como exposto em Kant,[13] tem algo de solitário. No belo, queremos adesão. No ridículo, quem julga está contrariado de antemão, como se não concordasse consigo mesmo, como se fosse obrigado a pensar o que não pensa, a sentir o que não sente, tal é o tamanho do desconforto, como se, diante de uma evidência, tivesse que ceder. Se nem todos podem perceber o ridículo, pois estão afundados em um consenso, pode-se colocar a questão de qual "gosto não se discute". Pelo menos, em nível pessoal, cada um se acha livre para gostar ou não de algo. Só que isso é manipulado para os fins do sistema. No entanto, o gosto, sobretudo como gosto político, precisa ser discutido no contexto de sua produção social. Cada um introjeta prazeres, desejos, gozos que são ofertados pelo sistema dos consensos que o tornam incapaz de compreender como se gosta ou desgosta de algo. Há todo um lastro de *habitus*, para usar uma expressão de Pierre Bourdieu em *O poder simbólico*,[14] que sustenta o gosto. A ilusão individualista parte da presunção de que se é livre para gostar disso ou daquilo. Seria útil, no propósito de compreender a formação da subjetividade, saber que o gosto tem uma história e o desgosto também.

Que aquilo que sentimos não é natural, que as comidas que agradam ao nosso paladar chegam até nós muito prontas, assim como nossas ideias, e definem o nosso gosto.

Não é o nosso gosto que define o que chega até nós, mas o que chega até nós que define o nosso gosto.

11. O brega e a economia política estética

Naturalizar o terreno estético é a maneira mais ingênua de mascarar a função política cotidiana, a função da distinção dos bens no contexto de sua produção e consumo. Toda economia é política e toda economia política é também estética. Por trás de toda estética está evidentemente a questão de classe, e a questão de classe sempre tem fundo econômico e político.

Nesse contexto é que podemos falar da produção do ridículo que serve de mercadoria e é facilmente consumível sem que se perceba em que posição pública o usuário é colocado pelo seu uso. O que foi chamado de mau gosto ou cafona, e até mesmo o *kitsch*, aquilo que teria a ver com deselegância sempre pode se tornar mercadoria elogiável, o que só vem provar que as distinções de gosto servem a fins econômicos.

Que tipo de reconhecimento e de distinção se obtém pelo gosto é um problema apenas para quem está na posição de observador e, ao olhar para si e para os outros, coloca a si mesmo e aos outros em uma determinada posição. Como os meios de produção estão nas mãos das elites, em geral, o padrão do gosto é ditado por elas. O que é elite, contudo, sofre modificações em tempos de indústria da cultura. Há uma nova elite brega que administra hoje o padrão do gosto musical, cinematográfico e audiovisual. Mas podemos também falar de uma elite mais tradicional que consegue ditar, pela ostentação, o ridículo de sua própria classe como se não fosse ridículo, enquanto coloca outras produções na invisibilidade midiática, já que os meios de comunicação também pertencem a essas elites. Não se pode esquecer também da produção de um ridículo para os outros como forma de marcar os que não são elite. O ridículo dos detentores dos meios fica sempre protegido. Ninguém o aponta. Há ridículo produzido para todos e um controle do que se pode gostar ou desgostar nesse campo.

Se pensarmos a respeito do brega na profusão de suas expressões atuais, do breganejo ao tecnobrega, teremos um exemplo interessante de produto popular, altamente influenciado pela indústria cultural e, ao mesmo tempo, mostrado ou ocultado pelos meios de comunicação hegemônicos conforme as necessidades do mercado. A distribuição e difusão do brega poderia prejudicar a concorrência burguesa. Coincidentemente, o brega avança como um gosto cada vez mais desejável em contextos em que era indesejável. A desejabilidade, contudo, também não é natural. As paródias, no entanto, são uma segunda navegação do estilo que escapa ao ridículo por uma espécie de metateorização. A compreensão do estilo também permite torná-lo um objeto a ser usado. O uso consciente, não ingênuo do ridículo, bem como a exposição de seus motivos e das operações estéticas usadas na construção de uma obra, permitem um distanciamento que enriquece a experiência estética em um nível político. Nesse caso, encontramos fenômenos de politização da estética.

A estética do brega é ambígua do ponto de vista político. Há nela algo de astucioso no sentido da simplicidade e do prosaísmo que se tornam uma espécie de capital estilístico. Como estilo, essa simplicidade e esse prosaísmo são muito bem cuidados e aceitos pela população. Quem desejar olhar de um ponto de vista elitista tradicional, poderá querer dizer que o brega e suas vertentes são nada mais do que lixo estético. Mas isso não nos ajuda quando a questão é entender a função estético-política do ridículo, que fica clara nas inversões de poder produzidas pelo ridículo bem utilizado pela elite brega, ela mesma astuciosa produtora do inconsciente estético em que o ridículo é essencial.

A ação da elite brega em termos puramente "artísticos" é política em um sentido geral. Mas a elite brega na arte é análoga a uma espécie de "elite brega" na política. O parlamento brasileiro é cheio desses operadores do estilo: dos ruralistas aos pastores evangélicos. Todos os defensores dos preconceitos, e que usam da ignorância como um poder, são grandes e astuciosos *performers* que vivem da farsa que constroem na vida.

12. Nova elite brega ou um pouco de morfina estética

No título do famoso filme *Tropa de elite* (José Padilha, 2007), o termo "elite" refere-se ao grupo de policiais especialmente treinados para operações muito complicadas. "Elite" significa especialização, superioridade, hierarquia, em um sentido técnico. Na contramão, quem utiliza o termo em outros contextos refere-se, em geral, a "donos do poder", "classe dominante", "oligarquia", "dominação política", "dominação econômica", "classe dirigente", "minoria privilegiada", "formação de opinião", "dirigente cultural". "Elite" é o termo usado para designar as vantagens petrificadas de "ricos" e "poderosos" que comandam as massas, as maiorias anódinas que, não tendo poder, parecem não ter escolha quanto a deixar-se conduzir.

Usado em oposição a povo, à democracia, à simplicidade das gentes, à cultura popular, o termo é usado para designar grupos econômica, cultural e politicamente dominantes. Seu uso atual, no entanto, erra o alvo em relação à cultura, desde que, na era do ridículo, vivemos uma curiosa inversão, uma nova forma de poder, uma transformação do poder com uma elite respectiva, em que o termo elite vem falar daquilo que o negaria e que, na verdade, o realiza em seu sentido máximo.

Tempos atrás, escrevi sobre uma "elite caipira", mas o termo me parece pouco adequado diante do conceito do brega, que hoje me parece mais produtivo. Acontece com ele o mesmo que acontece com o termo "palhaçada", comentado anteriormente neste livro. Prefiro neste momento falar de uma elite brega. A nova elite brega seria o cantor da dupla sertaneja (uma deturpação do próprio "sertanejo") que, depois de um banho fashion em uma loja da moda, fica pronto para o contato com as massas, mesmo que seu estilo continue sendo o que, na gíria maledicente, é "jeca". "Caipira" ou "jeca" seriam figuras genéricas de um estilo que encontrou sua deturpação na indústria cultural. As estrelas do estilo são também objetos da indústria cultural que imita e reproduz seus bens com os fins da mercadoria. É verdade que na sociedade capitalista a sobrevivência das pessoas está ligada diretamente ao mercado. E não se trata de julgar pessoas de um ponto de vista moralista por seus trabalhos, mas de analisar métodos e imagens que servem ao capitalismo e são por ele produzidas. A mercadoria é a aura, mas também a medida do capitalismo, e se, na sociedade do espetáculo, a mercadoria é a imagem, logo, a análise requer a atenção ao paradigma da imagem a partir do qual se entendem as regras de um jogo.

Sem arriscar um julgamento quanto a uma pura qualidade estética — o que sempre seria feito em um sentido abstrato — dos produtos do mercado, é possível, no entanto, questionar sua qualidade cultural e política. Muitos defendem que "é disso que o povo gosta", enquanto outros dirão que o "povo" experimenta uma baixa valorização de si ao aceitar o que lhe trazem os ricos e poderosos, sem que condições de escolha livre tenham sido oferecidas. Mas o gosto é dispositivo para todas as classes. A questão que importa é aquela que implica a injeção diária de morfina estética que as massas recebem por meio da difusão da indústria cultural. A difusão da indústria cultural pelos meios de comunicação de massa não permite saber às pessoas se o "gosto" é autóctone ou externamente produzido. Desse modo, caímos no dispositivo do gosto como em uma armadilha, achando que falamos dele ou ele fala de nós quando, de fato, ele nos manipula.

De qualquer maneira, no mundo da nova elite brega, a regra é a adulação das massas. Qualquer denúncia ou manifestação de desgosto em relação ao que se oferece a elas é sumariamente constrangida.

Uma inversão cultural está em cena. No lugar das extintas "elites culturais", sobem ao *podium* as novas estrelas, que permutam o antigo poder do artista e do intelectual pelo poder do "jeca", para quem a arte não é problema. Se o intelectual é melhor ou pior do que o "jeca" não é a nossa questão, pois ela é uma falsa questão que serve à perpetuação de um pensamento por hierarquia. Questão interessante seria desvendar o seguinte: num quadro em que professores recebem um torturante salário de fome; em que intelectuais sérios precisam pedir desculpas por existir; em que escritores permanecem perplexos sem saber se sobreviverão em um país de analfabetos; em que artistas recebem pareceres humilhantes de agências e ministérios; enquanto todos esses são questionados quanto a seu papel social e sua contribuição para a sociedade, como se fossem um estorvo, ninguém pergunta sobre o papel cultural da elite brega. Cantores e bandas, atores, artistas de todo tipo são personagens, são vedetes que representam um estranho e sutil autoritarismo, que é, sedutor para todos aqueles que não podem escolher e acreditam estar a escolher. Esse autoritarismo por sedução é covarde na condução das massas à imbecilização planetária.

Politicamente correto, ou esteticamente correto, seria elogiar a imbecilização que essas formas produzem sob o consentimento do mero entretenimento. Não há mero entretenimento, pois tudo o que contemplamos forja nossa subjetividade. Há impedimento da reflexão, essa ação que, de fato, pode tornar a vida mais chata para muita gente.

Além de chato, o autor da crítica à nova elite sempre pode ser xingado de "elitista", afinal, a elite nova não tem outro argumento senão o disfarce. Retornaremos a esse tema mais adiante, pois, no desenho do conceito de ridículo político ainda precisamos prestar atenção em um aspecto.

13. O ridículo político exemplar

Voltemos à visão de Harry Frankfurt, para quem os campos da propaganda e da política estão repletos "de exemplos tão consumados de falar merda que podem servir como os paradigmas mais inquestionáveis e clássicos do conceito".[15] Assim também ocorre com o ridículo, que tem sua aparição especial nessas esferas. Poderíamos pensar que, no momento em que a política descuida do seu aparecer publicitário, surge o ridículo como uma incompetência da própria coisa publicitária, por meio da qual aparece o que não deveria ter aparecido, ou como uma simples e altamente irônica vingança do destino. Mas não seria tão simples assim.

No campo do ridículo político há muitos exemplos para citar. Nesse contexto, fica bem claro como o ridículo é uma espécie contraditória de excesso de falta de seriedade exposta em falas e atos. Sua exacerbação se dá em tempos em que a ironia está em baixa, tempos nos quais o autoritarismo, na sua forma fascista, enquanto negação sem limites até o extermínio simbólico e físico do outro, é elevado a padrão psico e sociopolítico ou de razão de Estado. O declínio da ironia diz respeito ao consenso da burrice, que tomo aqui também em um sentido epistemológico bastante sério,[16] tal como o "falar merda", quando o lastro reflexivo se esboroa.

Se pretendêssemos um mapa completo do ridículo a partir de personagens, e não apenas de cenas, ninguém ficaria de fora, nenhum político, fosse ele administrador, parlamentar ou cidadão. O ridículo é, como evento no qual pessoas se envolvem como personagens, algo genérico e universal. Isso não quer dizer que tudo seja ridículo, apenas que todos, provavelmente, já tenham caído nele ou colocado alguém nessa situação. O ridículo é recorrente e repetitivo. Não se pode, contudo, imputar o ridículo a uma pessoa no sentido de uma categoria usada para descrever sua essência. Não temos como conhecer o "ser", o *self*, a "alma" ou coisa parecida de ninguém, não podemos nem dizer que essas categorias sejam válidas. O ridículo é uma categoria estética, relativa ao aparecer, à representação cuja validade está em permitir uma certa desconstrução da falsidade autorizada e consensual no que ela tem de opressiva.

Ainda que não possamos imputar o ridículo a uma pessoa em sentido essencial, pessoas se tornam personagens das cenas ridículas no grande teatro da sociedade. Aqueles que representam, que estão incumbidos de um papel, incorrem no ridículo mais facilmente enquanto são personagens aos olhos de outros. A dimensão de personagem é própria a qualquer um. A personalidade é aquilo que se apresenta, que se mostra ao outro e que, ao mesmo tempo, nos dá forma. Dizemos ridículo no tocante a uma cena em que o personagem, sua forma de aparecer e sua ação compõem um cenário de contrassenso absurdo relativamente ao que seria razoável no contexto. Todo político, como indivíduo, já deve ter praticado atos ridículos e participado de cenas ridículas em diversos graus, mas há personagens que representam exemplarmente o conceito à medida que repetem a cena e, pela repetição, podemos dizer, se colocam ao nível de um estilo.

Podemos definir o "ridículo político" como associação do ridículo ao político na forma de uma confusão de duas cenas, aquela em que se deve rir e aquela em que se deve chorar ao mesmo tempo, enquanto um e outro são impossíveis. Assistimos à cena ridícula atônitos; nem sempre temos com quem partilhar o mal-estar do efeito presenciado. O ridículo é, portanto, algo que se lastima, mas algo que também causa perplexidade e estupefação, enquanto, ao mesmo tempo, convidaria, em condições ficcionais, a rir, mas apenas quando já não se pode rir daquilo de que se deveria rir. Daí sua sensação de frustração, de sufocamento.

Em termos de ridículo, a novidade, contudo, refere-se ao retorno de alguma coisa que já conhecemos. Afinal, o ridículo tem história e, nela, ele se transforma. A história nos fornece uma pista para pensar que o ridículo não é apenas um lugar desagradável de se estar ou uma cena desagradável, ao passo que, simultaneamente, seria agradável de se ver e vice-versa. Mais do que uma contradição, teríamos uma justaposição de cenas. O gosto e o desgosto, o riso e o choro ao mesmo tempo. O ridículo não é apenas uma contradição evidente, nada da mera ordem do flagrante, mas uma função do poder que visa a mostrar e esconder alguma coisa para nos iludir.

A cultura política mundial ao longo do tempo tem sido exemplar na aparição do ridículo. Palavras, gestos, ações e cenas que podemos denominar facilmente como ridículas fazem parte, hoje, da cultura política contemporânea, tanto na vida dos parlamentares quanto na vida dos cidadãos que se envolvem, mesmo que alienada ou inconscientemente, com política. No passado, eram os reis e os aristocratas, os suseranos e os vassalos. Hoje, são os votados e os votantes, representantes e representados, que participam do mesmo jogo de compensação intelectual e emocional por meios estéticos.

14. Tentativa de tipologia

Cenas exemplares da história mais ou menos recente de nosso país ou de outros países podem nos ajudar a pensar o ridículo político. A cada vez que alguém diz, com prazer e desprazer ao mesmo tempo, "que ridículo!", deveríamos catalogar o evento para a construção de um mapa universal do ridículo. Procederíamos, a partir daí, às classificações. Além disso, cada leitor pode pensar, então, como "eleitor", e verificar em seu entorno, em sua cidade, em relação ao seu mais próximo, se não há exemplos que dialoguem com a tentativa de reflexão que aqui se expõe. Um mapa local do ridículo poderia ser a base de um mapa-múndi do tema. Que prefeitos, vereadores, parlamentares em geral, afinal, que figuras públicas contribuíram para a cultura do ridículo político?

Além disso, o leitor pode aproveitar para entender em que sentido ele está sendo manipulado por ter deixado de lado o próprio senso de ridículo. Perguntar sobre o que foi feito da vergonha, da coragem, do respeito, da liberdade, é sempre muito útil. Os exemplos que podemos dar aqui serão sempre aqueles mais conhecidos a partir de uma difusão hegemônica da imagem em relação à qual devemos ser críticos. Um mapeamento do ridículo sempre é parcial e precisa de esforços sociais e comunitários, pois é da potência do ridículo a sua recriação e replicação.

Podemos ilustrar a teoria do ridículo político a partir de uma divisão do ridículo em duas manifestações primeiras e necessárias. Nelas está em jogo o próprio conceito de ridículo. Uma norma, um padrão, algo que seria de se esperar, e que nos faria rir, desaparece para dar lugar a um desvio estético na ordem do próprio risível. Já não é possível rir, pois o que faria rir incomoda. Ridículo é, nesse caso, sempre um evento que peca por excesso e/ou por falta. O ridículo é sempre uma desproporção. Algo completamente fora do esperado em contextos.

Ele sempre se manifesta por ostentação ou por insignificância. Podemos dizer sobre uma conta a ser paga no restaurante que foi ridícula, tanto por ser muito pequena em relação ao que se comeu, quanto grande demais em relação ao que foi pedido. O mesmo vale para as roupas. Será ridículo àquele que manifestar desproporcionalidade sobre o que é esperado: roupa de praia em uma festa de gala, roupa de gala em uma praia. Em estado de necessidade, quando saímos dos nossos teatros diários, qualquer medida dessas perde o sentido. Ridículo seria, portanto, aquilo que escaparia à razoabilidade, no sentido do mais básico bom senso quando seria possível praticá-lo. Em ambos os casos vale o fato de que ridículo é aquilo que apareceu, que foi observado, mas que não deveria ter sido e, apenas nessa falha, tornou-se ridículo.

Muitos critérios podem ser usados para uma tipologia do ridículo. Sendo ele contextual, cada situação em tempos e espaços diversos pode levar a classificações diferentes. Na tentativa de buscar algum aspecto mais universal, podemos usar o critério da quantidade para classificar o ridículo. Dois tipos essenciais são sugeridos: em uma cena, podemos verificar o ridículo simples, no qual se apresenta um só elemento ridículo por excesso, ou outro apenas por falta. Mas podemos também reconhecer uma espécie de ridículo complexo, que seria um conjunto de vários excessos ou faltas, sendo que, às vezes, o excesso de algo é falta de outro. Excesso de grosseria que chega ao ridículo pode ser falta de educação que compõe a cena do ridículo. Os programas de televisão estão cheios de exemplos nessa linha, daí o mal-estar que sentimos, mesmo que estejamos dispostos e envolvidos com eles, quando os assistimos. Lembremos do momento em que alguém arrancou a peruca de Sílvio Santos. Diante do evento, ficamos entre o riso e o constrangimento. Nos programas sensacionalistas que veiculam notícias de crimes e catástrofes, é comum que sejam apresentadas cenas que constrangem, pois não eram esperadas, tal como o incêndio em uma máquina de pipoca quando se espera a tragédia das coisas humanas. O espectador se prepara para um evento catártico e recebe algo estranho em troca. Vender uma notícia ruim como grande notícia, ou como boa, ou desgraças como vantagens faz parte da produção do ridículo como mercadoria. E sempre faz muito sucesso.

Podemos também pensar a partir do critério de causa e efeito. Como causa, podemos sugerir a ignorância, a falta de informação, a prepotência, a temeridade, a ingenuidade, a falta de noção, o interesse, a consciência ou a inconsciência. Na linha dos efeitos, podemos verificar a inocuidade ou o risco de dano do ridículo. Nesse sentido, encontramos a periculosidade do ridículo que vai da vida pessoal à vida coletiva. Descontrolado, o ridículo põe em risco a própria sociedade.

Podemos também pensar o ridículo por repercussão: o que chamamos de papelão enquadra-se aí. "Papelão" é o comportamento lamentável, o fiasco que diz respeito ao ridículo no qual alguém cai praticamente por ter se colocado nele. Aquele que deveria cumprir um papel e acaba por contrariá-lo, faz um papelão. No papelão, o peso do ridículo incide sobre o sujeito da ação, no momento em que ele ainda pode ser questionado como culpado. Já o vexame, muito próximo dele, se refere ao que se torna vergonhoso em um nível público, sendo que o sujeito do vexame não é necessariamente culpado do que viveu. A repercussão do ato ridículo diante de uma grande plateia altera completamente o ato, bem como a identidade de quem sofre o vexame. Não há vexame sem que haja uma repercussão intensa diante do olhar alheio. Se a humilhação é vivida como opróbrio, como desonra pública, o vexame, e o ridículo nele implicado, é maior ainda, bem como seus efeitos. O bullying na esfera escolar tem essa característica de degradação de si diante dos outros. Ele é uma manipulação do ridículo que as crianças exercitam na escola desde cedo, em uma cultura na qual a própria ridicularização se torna mais do que uma regra, um aprendizado deturpado, mas ainda um aprendizado.

15. Bufonaria política

Os mais clássicos exemplos do ridículo político surgem na forma de um campo, o da bufonaria política. Como ação do bufão, o ridículo está em outro patamar. Se o bufão, como bobo da corte, era autorizado a dizer a verdade ao rei, o bufão, no cotidiano, é aquele que não teme zombar, ou fazer-se de engraçadinho conforme o momento. Na bufonaria diária assumida por várias pessoas há pouco ou nenhum medo do ridículo. O bufão cotidiano se autocoloca nesse lugar, mesmo que não pense estar sendo ridículo. Alguém pode fazer o papel de bufão por prepotência, por grosseria, por falta de tato, indelicadeza ou seriedade em momentos em que ela seria necessária.

A bufonaria diária descende de um aspecto histórico do humor, a nivelação por baixo. Historicamente, o carnaval tinha a função política de igualar as classes por baixo, de relativizar verdades, de colocar as autoridades em um lugar propriamente humano, criando o que, na visão de Bakhtin,[17] foi um dos momentos mais fundamentais do humanismo, aquele no qual as pessoas podiam viver uma relação intensa entre utopia e realidade pelo cancelamento das desigualdades.

Se a lógica da visão carnavalesca do mundo era a das coisas ao avesso, de um mundo "ao revés", em que tudo se invertia, temos um parâmetro a partir do qual podemos pensar o ridículo político contemporâneo. Não se trata, no ridículo, da criação de um segundo mundo, de uma segunda vida, como no carnaval, em que toda encenação busca e leva a uma espécie de bagunça carregada de um conteúdo utópico. Trata-se de um mundo ao revés, em que a segunda vida tomou o lugar da primeira, em que o sério e o não sério se confundiram, na forma de uma curiosa justaposição de cenas.

Em política, a bufonaria pode tornar-se populista no momento em que cidadãos e seus representantes fazem um pacto em torno do ridículo. As desigualdades, como no carnaval, prometem desaparecer, mas traem essa promessa quando se está a falar e agir na realidade, aquela primeira vida contra a qual o carnaval se insurge. Nesse caso, o carnaval, comparado ao ridículo, é sério e respeita a realidade, mantendo-a intacta em sua forma de expressar-se, diferentemente do ridículo, que invade a realidade e acaba justamente com o seu senso mais próprio.

16. Ridículo ditatorial ou populista, nacional e internacional

Convivemos com o ridículo político diariamente. Esse ridículo é de um modo ou de outro ditatorial ou populista, podendo ser os dois ao mesmo tempo. Dividi-lo em ridículo populista internacional e nacional nos ajuda a dimensionar o seu alcance básico.

Hitler e Mussolini, Reagan, Bush, Berlusconi, Maduro e Donald Trump são alguns exemplos excelentes no âmbito internacional. O falecido Kim Jong-il e seu filho Kim Jong-un, atual ditador da Coreia do Norte, são mais alguns desses personagens notórios envolvidos em cenas ridículas. Uma tese a ser considerada é que todos os ditadores são produtores ativos de um tipo de ridículo: o tirânico, ditatorial, cuja característica é o culto da própria personalidade, o controle do modo de vida moral e estético das pessoas, o combate às artes e sua substituição por uma estética de elogio do sistema. São exemplos a arte nazista e fascista, o realismo socialista soviético e grande parte do cinema hollywoodiano feito para elogiar ostensivamente o *american way of life*. O chamado "realismo capitalista" de Mark Fisher é uma resposta irônica ao socialismo e ao capitalismo enquanto controle estético, como ditadura estética promovida pela publicidade.

O controle estético é controle das imagens e dos corpos, controle das emoções, dos sentimentos e dos afetos. O controle das ideias e das ações não acontece livremente sem um controle estético dos cidadãos. No estágio atual do capitalismo, há uma mistura de tons do controle, que vai da violência à sedução, que o ditador e o populista aprendem a manipular, com um peso maior na violência nas ditaduras e na sedução no populismo. A perseguição autoritária aos intelectuais, aos poetas, aos escritores, aos professores, aos artistas faz parte desse controle. O controle estético acoberta e dá condições para a sustentação do *status quo* social e político. Em palavras simples, o controle estético dos outros acoberta o estilo de quem controla ou serve para fazê-lo prevalecer. A questão é entender o que se mostra e o que se esconde e com que fins.

De Jânio Quadros a Jair Bolsonaro, encontramos protagonistas de eventos exemplares, de falas e gestos no âmbito do ridículo populista nacional. Mas há um exemplo coletivo que pode ser mencionado de maneira mais que exemplar: um grupo de vereadores da cidade de Campinas, em 2015, propôs uma moção de repúdio contra a filósofa francesa Simone de Beauvoir, falecida na década de 1980, cuja obra foi matéria de algumas questões do Exame Nacional do Ensino Médio, o Enem, para ingresso nas universidades brasileiras. A causa do ridículo confunde-se com a causa da moção: o desconhecimento da obra de Simone de Beauvoir, caracterizando um ridículo quanto à cognição, mas também ao autoritarismo e ao machismo num quadro de crescente conservadorismo e ignorância populista. O ato pode ser classificado como ridículo por prepotência, ainda que não tenha causado maiores efeitos, pois escancara a precariedade intelectual e a "falta de noção" do grupo que propôs a ação num ato de "falar merda legislativa" que, infelizmente, é cada vez mais comum entre nós.

17. Ridículo, ostentação e insignificância

No ridículo político nacional relativo ao populismo, podemos voltar a pensar no ridículo por insignificância e por ostentação. Michel Temer, presidente do Brasil depois do golpe de 2016, faz parte de um curioso caso de ridículo a partir de um comportamento não populista, de automenosprezo e prepotência, de querer parecer o que não é. A moldura da insignificância como patamar do ridículo convém perfeitamente a ele.[18] Já João Dória, prefeito de São Paulo a partir de 2017, protagonista de vários eventos e frases que configurariam o ridículo populista, enquadra-se muito mais no ridículo por ostentação, até porque seu ridículo é elitista: eleito no mais escancarado populismo, o prefeito, herdeiro de famílias aristocráticas paulistas, é um curioso exemplo de quem é capaz de vestir-se de gari em uma performance pública, mas não sem antes mandar desinfetar o espaço no qual funcionará como ator. Talvez ele seja o melhor exemplo da importância do que não tinha valor — do brega, do lixo, do não político — como caminho populista para chegar às massas. Dória tenta passar-se por popular e, nesse processo, não sendo um cidadão simplesmente popular, ele ganha os afetos da população que se identifica com o que ele propõe, um sujeito bem-sucedido. Por trás disso, há o ridículo populista invertendo o estilo, desestilizando o estilo para lucrar com ele.

Ainda que as formas e níveis de ridículo se cruzem, não devemos cair na armadilha de pensar que o ridículo por insignificância se confunde com o efeito da inocuidade. Um ridículo imenso pode ser mais inócuo do que um ridículo quieto e solene que consegue esconder muito melhor suas intenções.

Hitler mesmo começou modestamente. Se analisarmos sua má pintura, hoje bem conhecida, podemos dizer que, na época de sua reprovação na escola de artes de Viena , eram pinturas ridículas. Ao mesmo tempo, eram ridículas apenas para os professores, críticos e toda uma elite artística e crítica. De qualquer modo, não é um absurdo pensar que a arte nazista tenha sido também uma espécie de vingança contra essa elite cuja arte Hitler tratou como degenerada. A analogia com o que ele fez em termos políticos pode nos assustar hoje, mas não causou maiores suspeitas na época em que as pessoas não levavam muito a sério o valor da performance na política. Qualquer semelhança com o que vivemos hoje não é obra de ficção.

18. Ignorância populista: sobre o poder do não saber

Se podemos chamar de coronelismo intelectual o conjunto das práticas autoritárias no campo do conhecimento — que estabelece uma espécie de ordem na qual o saber-poder tem dono —, podemos chamar de ignorância populista uma outra ordem que especializa sua vigência com uma força desconhecida até agora.

Trata-se de um fenômeno paralelo ao do coronelismo intelectual entendido como sistema no qual a verdade é ditada por aqueles que detêm os meios de produção do saber, e que transformam o saber em mercadoria já que controlam esses meios. A ignorância populista não é, no entanto, oposta ao coronelismo intelectual, ele mesmo derivado do coronelismo enquanto tal. Ao contrário, ela é muito parecida com ele, a ponto de podermos dizer que dele deriva como uma sombra. Difere na forma e no conteúdo, mas não no método com que se exerce. Enquanto o saber pertence às elites, e é propagado como inacessível para as massas, o não saber, a ignorância, é ofertado como uma bênção, como tudo o que as massas precisam ter. Mas ela não é vazia de conteúdo, embora seu jogo seja apresentar-se como uma natureza, algo que não tem "nada de mais".

Cientes da importância do saber, incapazes, no entanto, de dominar o conteúdo, os sacerdotes da ignorância populista exercem a ignorância como um poder em nada diferente do saber. A ignorância não se apresenta, contudo, como uma falta de saber, e sim como o saber em si. Seu substituto prático.

Esses sacerdotes detêm, portanto, a instituição, o poder em si, mas não seu conteúdo. Têm a máscara, mas não o rosto. Ao mesmo tempo, a máscara não serve para enganar, pelo contrário. A imagem do ignorante é a sua própria imagem em relação à qual não acontecerá um desmascaramento. Ele não se finge de sábio. Segue em seu programa de poder mascarado apenas de si mesmo, ou seja, desmascarado. Cinicamente, ele diz a verdade como um deboche. E a repete.

A ignorância populista se vale do mesmo mecanismo de repetição à exaustão de ideias que devem parecer verdades. Mas, enquanto as ideias repetidas tinham certo grau de sofisticação no coronelismo intelectual, já que resultavam de pesquisas ou pelo menos de ideias correntes entre estudiosos cujo grau de seriedade não seria questionável relativamente ao conteúdo, a verdade estupidificada da ignorância populista funciona como violência epistemológica e simbólica com vistas a afetar a vida concreta das pessoas.

No populismo da ignorância, o não saber se torna mérito, a educação é desvalorizada, os clichês são capital intelectual. A ignorância populista sempre quer poder e, por isso, é fácil ver seus sacerdotes nos cargos mais diversos, mas sobretudo nos cargos eletivos. No Brasil, a ignorância populista tem sido muito bem representada por diversas pessoas em vários momentos.

A prova viva de que o projeto político em vigência no Brasil atual se impõe pela mistificação da ignorância é a fala majoritária dos deputados brasileiros. A ignorância populista faz surgir uma nova forma de meritocracia, a ignorância meritocrática, aquela que o indivíduo alcançou apenas por sua própria conta, ao não aceitar o esclarecimento, ao negar a crítica, ao evitar a análise. Mas, como toda meritocracia é ilusória, o que o indivíduo não imagina, ou talvez esconda, é que ele é um fruto de relações de poder nas quais se promove a ignorância que ele usa como um benefício e uma forma de opressão contra o outro.

Dentre as aberrações políticas produzidas na base da ignorância populista, podemos elencar muitos dos projetos de lei que hoje envolvem a questão de gênero e a chamada "escola sem partido". O próprio combate à questão de gênero (a retirada do termo de todos os textos da esfera legislativa) e a discussão sobre política nas escolas é, na verdade, um escamotemento da política inevitável daqueles que impõem a política da ignorância, em si mesma populista. Quanto ao termo *gênero*, tendo ou não sido compreendido por aqueles que o condenam, ele é distorcido. Não podemos saber se aqueles que o distorcem o fazem porque não o entenderam ou se, ao tê-lo entendido, resolveram distorcê-lo propositalmente. De qualquer modo, vence o poder, e a ignorância se torna espetacular, forma de ridículo apenas para quem não se enquadra nessa lógica.

19. Meios de produção do ridículo político

Os meios de comunicação de massa manipulam o ridículo e criam seus personagens importantes não apenas na figura de políticos, mas também na de jornalistas e apresentadores de televisão. Artistas, principalmente atores, participam disso em níveis diversos, mas sobretudo quando estão em fase decadente, quando sua imagem já não vale tanto.

Não há ridículo em relação ao desconhecido, pois o ridículo se dá a conhecer. Ele se constitui em um excesso de aparecer e é tanto mais potente quanto mais valiosa for a imagem de quem venha portá-lo. Uma sensação forte de inadequação faz parte de sua experiência. Temos essa sensação quando lemos certas matérias, quando vemos televisão. Mas, nesses casos, a sensação do ridículo é também acompanhada pela indignação, ela própria uma espécie de desprazer.

Por seu potencial, a mídia tradicional hegemônica, aquela que detém os meios de produção, se esforça para manipular o ridículo. Por tentar tornar ridículo aquilo que não é e por evitar a queda no ridículo daquele que mais representa o conceito. Campanhas políticas tentam administrar e/ou produzir o ridículo com funções de defesa ou ataque a adversários políticos. Apresentadores de televisão ou jornalistas como porta-vozes das manipulações são eles mesmos bonecos manipulados de um sistema autoritário.

No entanto, em tempos de internet e de redes sociais, o ridículo vem à tona. Há também uma manipulação democrática do ridículo. Aquilo que podemos chamar de "sabedoria iconográfica" da internet revela-o quase instantaneamente. Cartazes virtuais, lambe-lambes digitais, os "memes" oferecem ampla apresentação e ajudam a explorar o tempo e o espaço do ridículo. Nesse campo, o ridículo se torna um método de exploração da imagem.

Em muitos casos, a exposição do ridículo parece um puro divertimento, uma piada orquestrada. Lembremo-nos dos cartazes que reúnem, em um só corpo, a imagem de Dilma Rousseff e de Michel Temer, a cabeça deste, o corpo daquela com o vestido de renda usado no dia de sua posse como presidenta da República em 2015. Não se trata, nesse caso, de uma pura piada, mas de uma exposição ao ridículo, o que podemos saber pelo efeito do quase riso que a imagem nos causa. Não ficamos confortáveis diante da imagem porque ela não é tão engraçada assim. Alguém que não conhecesse o contexto, veria o que parecia ser o corpo de uma mulher em um vestido e o rosto de um homem "velho" em um corpo que parecia estranho a esse rosto dentro de uma perspectiva de gênero binário. Sentiria um desconforto, uma estranheza. Quem conhece os personagens, dirá que se construiu um "ser" ridículo, metade Dilma Rousseff, metade Michel Temer. Na imagem, em si mesma ridícula, o personagem Michel ficava mais prejudicado do que o personagem Dilma, mas, na vida prática, ela saiu mais prejudicada, à medida que foi por ele traída. Teria o ridículo político ajudado a criar um lastro por meio do qual a substituição de Dilma Rousseff por Michel Temer tornou possível?

No ano de 2015, em meio ao complexo processo político que levou ao afastamento da presidenta Dilma Rousseff, Michel Temer, na qualidade de seu vice-presidente, escreveu-lhe uma carta que ocupou por dias as redes sociais e o campo da mídia não hegemônica, e que apareceu bem menos no campo da mídia hegemônica, pois ela administra com muito cuidado a exposição ao ridículo, coisa que no mundo da vida — que se confunde hoje com a mídia não hegemônica — acontece de um modo bem mais espontâneo. Michel Temer se colocava como um vice-presidente abandonado, como um homem desrespeitado em seu lugar. A população tratou como ridículo, mas havia todo um jogo para colocar o vice-presidente em cena como uma alternativa. O que era ridículo para o povo, a "choramingação" do velho homem, era tratado pelos veículos hegemônicos apenas como uma ofensa, uma angústia de um homem decente. Essa imagem do insignificante que se torna visível por ser insignificante foi manipulada em favor do "indignificante", que, mesmo continuando na mesma linha de atuação, segue como dono do poder.

Do mesmo modo, poderíamos citar Donald Trump, eleito presidente dos Estados Unidos da América em 2016, como alguém que, a exemplo do italiano Berlusconi, aproveitou-se de sua imagem de bufão diante das massas para chegar ao poder. O populismo sempre tem algo de ridículo, no esforço de produzir efeitos teatrais, em seu histrionismo sempre canastrão que avança cada vez mais no poder.

Das cenas históricas de constrangimento que causaram espanto em escala social, mas que são manipuladas pelos meios de comunicação, caem no ridículo e passam a valer como capital, podemos mencionar a posição de manifestantes de rua que pediram coisas absurdas publicamente, tais como o "direito de não ter direitos", mas também dos panelaços nas grandes cidades. Os meios de comunicação, em um esforço de aumentar o efeito, produzem cenas recortadas interessantíssimas: onde há cem pessoas fazem parecer mil, onde há mil, fazem parecer cem, conforme a necessidade do momento. Ora, a mídia é produtora de cenas. Necessariamente, sabe manipular as cenas ridículas.

Os discursos de parlamentares são exímios em autocontradição. Às vezes aqueles que se pronunciam podem parecer apenas bobos em seus pronunciamentos fascistas, mas a questão é mais séria. Estamos diante de um fenômeno de deturpação da política que se pode perceber tendo atenção ao seu momento estético.

O ridículo político nos mostra o perigo que corremos quando não levamos a sério o que tem sido revelado embora devesse permanecer escondido.

20. Ridículo judicial

O ridículo político se tornou evidente em nossa época nas cenas promovidas por alguns juízes, promotores, ministros e outros agentes do sistema de justiça. A judicialização da política, correlata ao discurso político que a demoniza, é um dos aspectos mais essenciais do ridículo político. Atores jurídicos negam a natureza política do poder enquanto, ao mesmo tempo, a praticam em atos de poder. Há aqueles que, por sincera ignorância, desconhecem que, ao decidir, estão condicionados por valores, preconceitos, ideologias e outros fatores políticos. Por outro lado, a má-fé sustenta o discurso da "neutralidade", que permite velar atuações marcadamente parciais dos atores jurídicos.

Rubens Casara, em *Processo penal do espetáculo*,[19] definiu bem a "mutação" sofrida pelo processo penal na sociedade do espetáculo: "A dimensão de garantia, inerente ao processo penal no Estado Democrático de Direito (marcado por limites ao exercício do poder), desaparece para dar lugar à dimensão do entretenimento."[20] Podemos dizer que é essa dimensão substitutiva que cria as condições de possibilidade para a cultura do ridículo. A naturalização do ridículo na cultura como um todo faz parte também do mundo judicial, ele mesmo disfarçado sob a aparência de algo "esteticamente correto". E não é um exagero dizer que o campo do direito tenha contribuído em muito para isso por meio da burocratização e do ritual judiciário. No que Rubens Casara chama de "julgamento-espetáculo", todos querem exercer bons papéis na trama enquanto vigora o "primado do enredo sobre o fato". A mídia ajuda a transformar juízes em heróis, mas sob a condição de que não julguem contra a opinião pública e de que mocinhos e bandidos continuem em seus papéis preestabelecidos.

O caráter espetacular faz parte da história do direito. A monumentalidade dos prédios da justiça e a ostentação pelas vestimentas, togas, becas e capas, cuja origem clerical não deve ser esquecida, combinam com rituais burocráticos, retóricos, em tudo teatrais e em tudo mascarados. A toga busca apontar uma dignidade diferenciada e, ao mesmo tempo, funciona como uma máscara: quem a usa, esconde-se e despersonaliza-se: torna-se o ser diferenciado. O negro da toga, por exemplo, simboliza a indiferença perante as cores, a abnegação, a privação e a castidade. Falas rebuscadas, expressões afetadas, o culto ao palavrório, os tratamentos majestáticos e os olhares de superioridade e altivez são adotados como se todos no campo do direito fossem distintos dos demais seres humanos. O tratamento por "doutor", mesmo para quem nunca fez um doutorado, foi naturalizado por quem é "bacharel". Esse tratamento tem origem em um decreto da época do Império que se tornou tão naturalizado quanto anacrônico. A desmedida ridícula passou a valer para quem "simplesmente" usa paletó e gravata em um país tropical. O valor da vestimenta, seja a toga, seja a roupa de marca, seja a gravata, garante que o ridículo político espetacularizado imita a vestimenta dos poderosos e faz com que cada personagem esteja "a caráter" para o espetáculo.

Mas podemos ainda colocar a questão do conservadorismo exacerbado, do pedantismo distanciador, da assepsia ideológica, da falsa neutralidade valorativa, da sobriedade em tudo, do discurso moralizante e paternalista, do bacharelismo que desconsidera a realidade social, do dogmatismo acrítico, do medo que cidadãos têm de desagradar os atores jurídicos que detêm postos de destaque nas carreiras jurídicas, o que atinge, evidentemente, a todos os envolvidos em um sistema hierárquico. Por trás desse padrão, talvez se possa perceber o sadomasoquismo elevado à instituição que se repete pelos falsos sinais de poder, tais como solenidades, tratamentos monárquicos, insígnias e saudações típicas das corporações militarizadas.

Enfim, com Zaffaroni,[21] pode-se afirmar a existência de três fontes para o ridículo judicial ligadas à burocratização: o bacharelismo pedante típico da formação jurídica, que tem por objetivo se impor na sociedade a partir da afirmação de ritos e de um conhecimento específico; o comodismo crônico ligado tanto à dificuldade de fazer reflexões quanto a interesses subjetivos inerentes à carreira; e, por fim, a neurose conservadora daquele que se acredita um semideus, um sacerdote acima de qualquer ideologia e preconceito, e que, por isso, deve assumir uma feição conservadora para manter o respeito e a dignidade da função, ou seja, uma vítima da normalização produzida pelo senso comum e pelos meios de comunicação de massa, que constroem a imagem do "bom juiz" como um herói que não tem limites à realização do que entende por justiça.

21. A política dos sem política — cinismo e esvaziamento publicitário da política

A negação da política e seu exercício escamoteado faz sucesso. Alegando que não são políticos, pessoas têm se elegido para cargos variados. Os que votam nelas aprovando o ato discursivo, sem a mínima atenção para a estranheza desse ato, caem em uma armadilha. Tivessem feito uma pergunta simples — o que alguém faz quando se filia, se candidata e faz campanha, senão política? — estariam libertos.

Ora, é impossível não fazer política se todos os nossos atos humanos apenas são humanos porque são políticos. Fazemos política consciente ou inconscientemente, o tempo todo, por ação ou omissão. Mais ainda quando participamos ativamente das instituições e organizações políticas.

Aqueles que se elegeram a partir do discurso antipolítico, fizeram política enquanto a negavam. Venceram em uma zona estranha, a da contradição e da autocontradição, na qual, em política, como na vida em geral, se joga o jogo das relações humanas na posição do cínico ou do otário. No primeiro caso, usa-se a contradição a seu favor; no segundo, cai-se nela achando que se leva alguma vantagem. É a velha dialética do senhor e do escravo assumindo uma nova forma: substituída por uma espécie de dialética cínica negativa e sem solução.

A antipolítica é a redução da política à propaganda contra a política. A propaganda esconde a contradição e a política se aproveita dela. Despolitização é um nome parcial para falar do esvaziamento publicitário da ação política produzido e intensificado pelos discursos e instituições. Esse esvaziamento publicitário da política é a nova política, a política despolitizada pela publicidade.

O número imenso de votos nulos e brancos, muitas vezes maior do que os números dos primeiros colocados nas disputas, é um sinal claro do que se passa na cultura política profundamente alterada pela publicidade.

A rejeição à política não é espontânea. Ela foi construída com a colaboração de discursos e práticas de todas as instituições. Mas de que serve eliminar a política? Ou a quem serve o abandono da política? Se prestássemos atenção, perceberíamos que há indivíduos e grupos que contribuem com discursos e práticas para a deterioração do sentido da política, mas que não se afastam dela. Permanecem fazendo política: candidatam-se, elegem-se, lutam pelo poder mesmo desdenhando da política. Jogam o jogo político do lado cínico. Ao povo, reserva-se o lugar de otário.

Há casos curiosos de pessoas que se elegeram com maioria de votos, pessoas que dependiam justamente do voto do povo e que, no entanto, em nada o representam. O sentido da democracia como governo do povo é, evidentemente, deixado de lado pelo próprio povo, conduzido a crer que "sem política" é melhor. Ao afirmarem que sem política é melhor, ao se desocuparem dela, não deixam de fazer política, só fazem "a política dos sem política". Uma política deturpada de seu sentido e que deturpa a própria democracia.

É bem estranho que alguém fale que não é político justamente durante uma campanha política. Afinal, aquele que está fazendo campanha política está participando de um ato justamente político. Uma campanha não é um ato qualquer, é um ato extremamente político. Podemos discutir o que é e o que não é política, mas ninguém vai negar que uma campanha em que se disputa um cargo político é uma campanha política. Além disso, se alguém está fazendo campanha é porque se candidatou. É impossível evitar que a candidatura seja um ato político. Também, se alguém se candidatou é porque está necessariamente filiado a um partido. É óbvio que um partido também é algo político.

Podemos dizer que uma pessoa que age dessa maneira está mentindo. Mas não é bem isso. Conseguimos perceber que há algo de errado nisso, mas tudo fica muito nebuloso. Não é bem uma mentira, e se olhamos com mais cuidado, podemos até dizer que há algo mais interessante acontecendo.

Podemos dizer que, na verdade, essa pessoa que diz que não faz política no meio de uma candidatura e de uma campanha política está caindo em uma contradição.

No campo da filosofia que se ocupa de entender os jogos da linguagem, o jeito como falamos e os interesses em jogo, podemos dizer que essa pessoa que fala que não é política enquanto age politicamente está caindo em uma contradição performativa ou pragmática, aquela na qual a pessoa que se pronuncia desdiz ou anula o que fala no ato mesmo de falar. Problema é que nem todos percebem esse tipo de coisa.

Mas quem percebe pode sempre se perguntar: por que motivo ou com qual objetivo uma pessoa faria uma coisa dessas? O que será que aquele que se contradiz ganha com isso? Ser pego em uma contradição é, para muitos, algo vergonhoso. Mas os que se pronunciam assim em termos de política não devem sentir vergonha. Não é possível, por outro lado, pensam aqueles que percebem, que a pessoa cometa uma contradição dessas apenas porque não raciocinou bem. O que será que está acontecendo, então? Será que esses políticos são burros? Podemos nos perguntar sem medo de sermos ingênuos. Se for burrice, ela não é sem função. Não é uma pura e honesta burrice que seria também perdoável. É bem mais possível que haja alguma vantagem em agir assim...

Portanto, podemos considerar que o sujeito envolvido em atos e ações no amplo campo da política — esse que diz que não é político — não esteja apenas mentindo, e, no fundo, também não esteja apenas se contradizendo. Talvez ele esteja ganhando alguma coisa. No caso, mesmo sem prestar muita atenção, perceberemos que ele ganha votos. Esse tipo de discurso é usado, como uma máscara que cai muito bem, na época em que as pessoas têm raiva de política, sem perceberem que a própria raiva da política é política. Parece que o candidato em questão fala uma verdade. E o mais estranho é que ele não chega a mentir com força, nem simplesmente se contradiz com força. Alguma coisa virou natural. E é isso que nos deixa confusos.

Como argumento a favor do cidadão que se pronuncia em sua campanha política como um não político, podemos aceitar que, com efeito, as pessoas são outras coisas enquanto são políticas. Mas não podemos aceitar o fato de que, por sermos outras coisas, por termos outras profissões, não sejamos, por isso também, políticos, enquanto estamos em campanhas políticas pedindo votos.

Ao cometer uma contradição e usá-la em seu próprio favor, podemos dar o nome de cinismo. Ora, o cinismo é uma postura, por definição clássica, de quem é completamente verdadeiro. Em um sentido filosófico, ela é uma prática, a da "parrésia", o ato de falar o que se pensa, doa a quem doer. No entanto, o verdadeiro também é um valor e, como tal, se transforma historicamente.

Vivemos em uma época em que a verdade já não é um valor. O cinismo, portanto, também mudou. Ele é, hoje, uma curiosa postura verdadeira, no momento em que a verdade já não tem valor. O verdadeiro sem valor de verdade produz um efeito inverso. Ele não é valorizado como inverdade, mas como uma verdade que conseguiu acabar com a busca da verdade. Por isso, não se trata de uma simples contradição quando vemos alguém falando tranquilamente uma mentira como se fosse verdade e como se não tivesse mal algum em dizer o que diz. E é por isso que ficamos confusos e até inertes diante de um cínico. Podemos pensar que ele está falando a verdade e mentindo ao mesmo tempo ou que ele não está falando a verdade nem mentindo. Mas ele faz algo mais interessante, ele acaba, com o seu modo de encenar a verdade, com o próprio sentido da verdade. Em termos práticos, o que o cínico está fazendo é transformar o outro em um otário. Criando a teia de renda negra na qual vai devorar a sua presa.

Os espertos surgem e passam a usar o cinismo como tática de enganação. É a melhor de todas. Ato de linguagem, verbal e performativo, o cinismo é uma postura e o cínico ocupa um lugar especial nela. A verdade está escancarada por ele, mas não será fácil acreditar nela porque o cínico agirá para que não se possa fazer nada contra o que está à mostra. E isso só é possível considerando que acreditar ou não na verdade já não importa.

22. A dialética do cínico e do otário

Se lembrarmos do que um filósofo como Hegel chamava "dialética do senhor e do escravo", teremos uma nova luz sobre a questão. Naquela versão, o poder e a liberdade estavam em jogo na luta entre as partes, a disputa entre quem manda e quem obedece era a luta do desejo que emanciparia o mais forte, o próprio desejo.

Agora temos a dialética entre o cínico e o otário. Pensemos numa relação inevitável depois que a política sofreu um intenso esvaziamento. A qualidade da relação política é que se modificou. Agora, o senhor é o cínico e o escravo é o otário. Já não há mais luta pelo poder ou pela liberdade porque o otário, menos do que o escravo, não tem a menor chance. Chance é consciência. Mas ela foi aniquilada. Envenenado por doses altíssimas de programas televisivos, dopado pelos religiosos neoliberais, pelas ofertas do campo do consumo, o otário não é capaz de virar o jogo porque não tem consciência do que fazem com ele. A consciência é só o que liberta do cínico e, no entanto, ela está indisponível. Seria uma espécie de antídoto, mas, sem ironia e literalmente, ele está em falta no mercado.

O fato é que qualquer pessoa fica sem parâmetro diante de um cínico. Ele acaba com o seu adversário ao colocá-lo na posição de otário. E, para colocá-lo lá, basta vestir a máscara do cínico. É automático, pois as pessoas confiam no que lhes é apresentado como verdade, ainda que ela não tenha mais valor. O fato é que a verdade é o efeito de uma operação simbólica. Ela é como um lastro cognitivo e o cínico é aquele que aprendeu a dessimbolizá-la.

Como o cínico consegue essa façanha de colocar os outros todos na posição de otários? Ajudando a formar otários, preparando o terreno no qual a dialética transformará o otário em um novo cínico. Uma comunidade cínica se avizinha. Todo autoritarismo é solo fértil e, adubando com indústria cultural e religião do mercado, o fruto é conhecido...

Quem são os otários de nossa época? Há otários em todas as esferas, em todas as profissões e instituições. O otário se forma com uma mídia e uma religião cínicas e manipuladoras, é preparado para acreditar em tudo o que lhe oferecem dentro de um programa de rejeição ao diferente (entendido genericamente como algo estético, ético, cognitivo e político). Ele não se pergunta jamais, porque a dúvida, não sendo útil, não é oferecida pelo sistema cínico.

Cínicos são os que acionam a armadilha da não política; otários são os que caem no elogio da vida sem política. Os otários satisfazem os cínicos. Dialeticamente falando, podem até se tornar cínicos em algum momento. O discurso de que a política acabou, de que os políticos são todos corruptos, é o discurso que o otário ganha de presente do cínico criado no grande sistema de produção do cinismo que é o capitalismo. É como se o cínico avisasse que o poder tem dono, e que esse dono não é o povo para quem ele fala. Se o povo cai em sua cilada, ele deixa justamente de ser povo e se torna otário.

Todos fazem o que podemos chamar de "política dos sem política", uns com poder, os cínicos; outros sem poder, os otários. Na posição de pobres coitados políticos (como analfabetos que fingem saber escrever), negam o que fazem.

O círculo cínico do poder é sustentado por todos os que caem em ideologias espontâneas: pobres neoliberais, por exemplo. Há muitos, mas fiquemos com esse exemplo para a reflexão do momento e exercitemos nossa imaginação para pensar nos demais.

23. Caricatura

Na iconografia do cartunista Angeli, convém prestar atenção em certas figuras mais que feias. Nelas, a lógica da caricatura: se o feio deve emergir do comum, o monstruoso deve emergir do feio. Imagens de um inconsciente gráfico afirmam a monstruosidade como caráter específico da política profissional contemporânea nos tempos do ridículo político. A monstruosidade contudo não é mais do que caricata.

Uma dessas figurinhas que aparecem com cabeça de homem e corpo canino/lupino sugere um personagem muito importante para a política: o lobisomem. A imagem do lobisomem traz consigo o mitologema hobbesiano do homem como lobo do homem. O lobisomem é a figura de uma metamorfose contínua, um trânsito entre naturezas. Revela, de algum modo, a confusão de nossas relações.

Giorgio Agamben conta do *wargus*,[22] o bandido que o direito germânico tratou como o homem-lobo, figura limite entre a natureza e a cultura, não por sua condição fisicamente híbrida, mas por habitar a zona de indistinção entre o fora e o dentro da comunidade. Daí a etimologia de bandido: aquele que está em bando, *a bandono*, banido. Bandido é aquele cujo pertencimento à comunidade pode ser questionado graças a seu caráter híbrido entre o desumano e o humano.

Que o homem seja o lobo do homem é a questão política fundamental. Ela nos leva a pensar no que significa ser cidadão no contexto da indistinção entre ser político e ser bandido. Uma pergunta um tanto bruta pode ser colocada a partir de Hobbes: como o caráter de bando, como a própria bandidagem, enquanto relação com o crime, é capaz de tornar-se uma espécie de regra política? O caráter duplo da condição de cada um em relação ao seu próximo é o que está em jogo nesse nosso lado "lobo". Para Agamben, em nossa sociedade todos se encontram na posição de *homines sacri*, como homens condenados ao banimento e marcados para sempre pelos crimes que cometemos enquanto, simultaneamente, não podemos mais conviver. Todos habitamos uma zona de indistinção, todos somos lobos uns dos outros. Ao mesmo tempo, assassinos e vítimas em potencial. Tanto o governante quanto cada indivíduo governado está sob esta condição política: a do trânsito entre a humanidade da espécie e sua condição de fera.

Nesse quadro, o político profissional é aquele que administra, de um lugar privilegiado, a guerra de todos contra todos da qual ele também é parte. Diante da arte da caricatura trágica, cabe perguntar: quem poderia rir verdadeiramente da política hoje? Na era da política publicitária, quem pode de fato questionar o uso da imagem quando o processo eleitoral e governamental como um todo está contaminado pela inautenticidade?

O ridículo político faz de parlamentares e cidadãos caricaturas vivas. A verdade escancarada pela caricatura viva engana muita gente e perturba quem não é enganado: seu jogo é o da ridicularização do papel do político profissional que não quer nada além de ser eleito. Que efeito essas imagens, e seu teatro correspondente, produz na mentalidade e, assim, na realidade concreta?

Não precisando enganar para levar ao engano, ele engana desenganando. Sua performance é a de quem escamoteia algo que, ao mesmo tempo, mostra. A democracia, nesse momento, é reduzida a um procedimento estético. A escolha democrática do voto corresponde aos poderes da imagem. E a um paradoxo. Se o povo escolhe a imagem de uma Cicciolina ou de um Tiririca, para citar parlamentares conhecidos por seu caráter performático, ou de qualquer outro, enquanto pretende usá-la como protesto contra as aberrações políticas; se o povo pretende rir, vingar-se, jogar seu ovo podre no Congresso, se quer pichar simbolicamente o processo de aviltamento com que veio a compreender a política, acaba sendo vítima de sua própria tentativa. É verdade também que pode haver muito de deboche e de crítica ao sistema na performance política, sobretudo nesses personagens, mas é preciso ter em vista esse lugar do ridículo como um apelo que se pode produzir tanto à direita quanto à esquerda em termos ideológicos.

É a própria democracia que deixa de ser narrada do ponto de vista da comédia para se tornar uma brincadeira de mau gosto, de filme de terror. O povo é devorado no jogo das imagens, algo que é coisa de amadores. Ao eleger "livremente" baseado em sua falta de liberdade para eleger, o eleitor é como a criança indefesa na selva cheia de lobisomens vestidos de cordeiros: como a publicidade vestida de política.

24. Política vodu

Economia vodu é um termo utilizado por alguns teóricos como David Harvey para falar de um tipo de economia falsa.[23] Podemos falar também em política vodu para pensar uma política falsa, uma política que não tem como objetivo a questão social básica à democracia, mas que serve à economia privada. Ela pertence ao campo do ridículo político. Toda política tem seu instante ficcional, como tragédia, como farsa, mas, no caso da política vodu, está em jogo o conto ou o filme de terror e um enredo macabro. Garantir o papel submisso e servil da política à economia, ela mesma garantia de riqueza para aqueles que detêm poder, é fundamental ao seu programa.

A política vodu dá medo. Medo é o seu método. Do genocídio que continua a acontecer em diversos países (vejamos o que se dá na África, no Congo hoje em dia) à tortura e à política de choque econômico nos diversos países da América Latina e na periferia do mundo, vivemos a política como quem assiste a um filme de terror: a próxima cena pode ser pior do que a que acabamos de ver. Apavorados, sabemos que também somos, como cidadãos, seus personagens. Em certo sentido, as palavras de Maquiavel (em *O príncipe*) já enunciavam: se um governante não pode ser amado por seu povo, deve se fazer "temer".[24] Espinosa (em *Tratado teológico-político*) aperfeiçoou a ideia, sugerindo a tristeza que faz prostrar cidadãos que se tornam cada vez mais inativos no momento em que deveriam lutar por direitos.[25]

Falar de política implica falar de atores e falar de vodu implica falar de feitiço e de bonecos que transmitem o feitiço. Estamos diante de uma hibridação que modifica a condição política do personagem. Na política vodu, um político não é mais uma pessoa simplesmente. O político vodu é um boneco bizarro. Seu discurso vem do espírito neoliberal que prega a privatização, os cortes nos gastos sociais e o fim do papel regulador do Estado na economia. Ele é um sacerdote do medo, que aproveita para incrementar os negócios vendendo artefatos de segurança junto à "ideologia do terrorismo".

A função do boneco é também exorcizar o que podemos chamar de demônio democrático. O discurso contra direitos humanos, comunismo, feminismo e outras perspectivas mais críticas serve para produzir medo. Pretende-se, com isso, minar o espírito da democracia que de nada lhes serve.

25. Ventriloquacidade: sobre discursos como máscaras

Se ventríloquo é o artista cuja performance consiste em não mexer os lábios, dando a impressão de que sua voz sai de um títere, ventriloquacidade é a capacidade de falar por meio de outrem. Este outro é o títere, sem o qual a vida do ventríloquo não tem sentido. Entre eles se estabelece a dialética reveladora de um fundamental jogo de linguagem do nosso tempo.

Diferentemente da máscara, que permite a saída de cena para dar lugar ao outro, no teatro ou nas festas populares, operando aquilo que Roger Caillois chamou de "vitória do fingimento", o boneco permite que o ventríloquo mantenha sua presença, ainda que secundária, mostrando-se enquanto se esconde. Também aí vence o fingimento, mas com uma particularidade astuciosa. O ventríloquo que mantém sua participação sem desaparecer, tampouco se compromete com o fato da própria presença. Para quem o assiste, o boneco é o falante cuja ilusão só pode ser desfeita pelo reconhecimento do estranho jogo de linguagem entre manipulador e boneco: o jogo basculante entre dizer e não-dizer. Tal jogo depende de um aspecto guardado na etimologia da palavra "ventríloquo", mas que o define apenas precariamente. Ventríloquo é aquele que fala com a barriga, o que não acontece sem que entre em jogo, ocultamente, a mão que opera o boneco.

Em nossa linguagem popular dizemos "empurrar com a barriga" para o trabalho indesejável e inevitável a fazer. Ventríloquo será aquele que, não desejando mostrar que fala, assumindo boca e rosto — ou a *persona*, a máscara através da qual soa a voz —, não faz outra coisa que falar, mas, ao falar com a barriga, mal fala, embora fale suficientemente para atingir seu fim: o logro do receptor quanto à origem da voz. A barriga é o rosto oculto do ventríloquo, rosto que não pode ser máscara, mas pode ser um duplo.

Pela inversão na brincadeira, o ventríloquo evita, no entanto, dar "a cara à tapa". Vitória do fingimento e do logro no teatro do discurso que só é possível pela manipulação do corpo do títere posto em cena por meio de uma voz postiça. Voz que vem do corpo de um outro. Com a categoria da ventriloquacidade, podemos reabilitar a ideia da "manipulação" no contexto em que discursos, vozes e corpos compõem um único jogo de linguagem.

Mas que voz — que corpo — está em cena na ação da ventriloquacidade? Três momentos da cultura contemporânea brasileira ilustram sua cena: os políticos, os intelectuais e as cantoras.

A voz é corpo, continuidade e extensão um do outro a um só tempo. Ventriloquacidade é a categoria capaz de interpretar o fato da voz na cultura humana enquanto ela entra em um jogo de manipulação da voz pelo corpo, do corpo pela voz. Se a alegoria da ventriloquacidade serve para interpretar a cultura como um todo, uns falam por meio de outros. De um lado, estão os que disfarçam a voz; de outro, os bonecos, objetos artificialmente animados pela manipulação. Na performance do ventríloquo, a graça é a ilusão, mas o absurdo da animação do inanimado sempre deixa um resquício: a cara de bobo do manipulador do boneco que se disfarça em esgares. Também o manipulador parece um boneco no esforço em disfarçar-se. Não é fácil dizer quem é o manipulado e quem é o manipulador.

O ventríloquo é o emblema do cínico na estrutura do poder político. Sua mais perfeita representação são os políticos-vodus (bonecos maléficos) que capturam o espírito da ventriloquacidade no corpo de ventre protuberante dos monstrengos engravatados. Vodus: mensagens de um lugar ignoto e doentio que vêm contaminar os corpos dos cidadãos. No solo fértil da política democrática, a ventriloquacidade é a voz do povo que ressoa no sufrágio, fazendo dos votantes os titeriteiros dos corpos impotentes/prepotentes dos representantes. O Estado — que, na filosofia de Hobbes, foi representado pelos corpos dos cidadãos no composto do gigante Leviatã — foi substituído por parlamentares. Corpos feito ventres prontos a devorar os corpos dos cidadãos. Sendo que os cidadãos lhes dão voz, participam da aterradora dialética da ventriloquacidade, tornando-se aquilo que fomentam.

No campo do poder do conhecimento, a ventriloquacidade é exercida pelos intelectuais eurocêntricos, repetitivos, que evitam a todo custo a afirmação de um pensamento próprio, seja seu, seja de outrem. Afirmam a obediência a uma voz estrangeira ou nacional a ser sempre repetida. O hábito da repetição torna a academia comparável ao naturalmente ventríloquo senso comum que ela visa criticar. O controle da expressão se dá pela moldagem dos protocolos da voz a ser exposta por um corpo reduzido a meio que transmite mensagem. O automatismo do intelectual que repete o texto, a teoria e o jargão faz com que pareça um ator que se esqueceu de que atua. O controle da expressão leva à morte da expressão. Desamparadas pelo Estado e pela sociedade como tal, universidades e escolas são campos destinados a formar zumbis.

Além do poder político e o poder do conhecimento dados no controle da voz e pela voz, no qual vence quem esconde melhor, há o território do poder como exceção da voz. No campo da fundamental expressão popular da canção, é exemplar o culto atual da voz feminina. No Brasil, a canção se tornou riquíssimo capital cultural, o que não nos deixa ver a desproporção presente no fato especial de que temos um país de cantoras, enquanto, ao mesmo tempo, um país em que as mulheres em geral não têm voz — em sentido tanto físico quanto simbólico — no campo do poder. Há pouco tempo as vozes femininas buscam tornar-se compositoras de suas próprias canções, deixando a posição do fantoche vivo ao qual tinham sido destinadas no processo histórico de produção da canção. O culto — moda, mercado, tendência — que permite soar a bela voz afinada das divas na contramão da voz política das mulheres é a contradição a ser exposta. Permissão e proibição. Há um estado de exceção da linguagem em que a expressão é tanto permitida quanto controlada, e, nos bastidores do espetáculo, recalcada. Enquanto os políticos decidem sobre o futuro dos corpos das mulheres tornadas autômatos em questões como a legalização do aborto, ouvimos o estimulado belo canto de feéricas sereias.

Poucas vezes lembramos que a voz é corpo e o mais fundamental dos fatos culturais. Da articulação da voz, diz-se desde Aristóteles, devém a política que se define em seu significado mais essencial: como relação entre seres humanos capazes de articular a voz. Se toda relação é política, toda política é relação. A ventriloquacidade é a intersubjetividade de nosso tempo antipolítico, quando está em jogo a destruição das relações pela manipulação da expressão do outro. Sutil autoritarismo. Mas estes são os tempos da perda cada vez mais séria das sutilezas.

A democracia não seria outra coisa do que a conquista da voz e sua partilha.

26. *Unheimliche* político: sobre a "estranheza inquietante" e a experiência política

Em um texto de 1919, Freud denominou como "marginal" um campo particular da estética. Ele se referia ao domínio do "*unheimliche*", termo que se traduz em português por "estranho" e "inquietante", mas também por "sinistro", "lúgubre" e "ominoso".[26] Compreendendo acertadamente a estética como "teoria das qualidades do nosso sentir", e não apenas como tradicional teoria do belo ou do sublime, Freud percebe que a estética é o campo dos estudos que se ocupa dos afetos, do corpo, de tudo aquilo que escapa da ideia de razão da filosofia tradicional.

Unheimliche refere-se à experiência em que estão em jogo sensações de angústia e terror, mas não apenas. Freud usou sobretudo a famosa história de Hoffmann, *O homem de areia*, para falar do "efeito" inquietante que provocam em nós as figuras inanimadas, tais como a boneca Olímpia, pela qual se apaixona o personagem Nathaniel. Quem conhece um museu de cera entenderá o exemplo. Mas podemos atualizá-lo: também o devoto admirador que se assusta com a celebridade encontrada na rua vestida como qualquer um pode ser vítima do efeito de estranheza inquietante. A inquietação é um efeito que tem relação com o desacordo entre a vida subjetiva e a realidade.

O efeito de estranheza inquietante se dá em relação ao que é, ao mesmo tempo, familiar e estranho. *Unheimliche* é como que um "in-familiar", algo muito conhecido que apresenta uma qualidade estranha, algo muito estranho que provoca uma impressão de familiar. Freud cita Schelling, um importante filósofo alemão do século XIX, que afirmou que o "*unheimliche* seria tudo o que deveria permanecer secreto, oculto, mas apareceu". A noção de estranheza inquietante é, acima de tudo, estética, mas pode lançar luz sobre a questão política.

Tanto a literatura quanto o cinema operam nesse campo. Mas podemos também pensar no cotidiano: naquele rosto — que é o nosso próprio — quando aparece no espelho à noite na hora de ir à cozinha buscar um copo d'água. A inquietação não é terror, é estranheza sobre o que já se conhece.

Nossa época parece marcada por esse tipo de experiência na qual o familiar se torna estranho e o estranho é familiar. Vivemos como se estivéssemos em um pêndulo que não nos permite discernir bem o que está acontecendo. Se tomamos como exemplo as relações entre poder judiciário, executivo e legislativo, bem como a participação midiática nos atos políticos, saberemos o que é a sensação do *unheimliche*.

Muitos experimentam a estranheza inquietante atualmente em um sentido social mais primitivo, digamos que pré-político. Há quem ainda estranhe as manifestações de rua, o interesse que muitos têm nos ativismos. Pobres, repudiados, os negros, as mulheres, os sem-teto, os chamados "deficientes", os sem-direitos em geral, todos os que foram socialmente recalcados e ocultados que, de repente, vieram à luz; cada um que se encontra na posição de simples cidadão, como qualquer um de nós, nesse momento, deseja protestar. Ao mesmo tempo, manifestações tais como as que pedem o retorno da ditadura militar e o fim dos direitos dão a sensação de estranheza, daquilo que, pela gíria da época, podemos chamar de *bizarro*. O escancaramento objetivo das condições da vida em sociedade é inquietante para quem vive no narcisismo pré-político que muita vezes, por ocupar-se pouco da questão social, evolui para a mentalidade autoritária. É, também, inquietante, para quem se formou politicamente, ver o caráter tosco da política despolitizada, da antipolítica politizada, que também está nas ruas nos dias de hoje. Cabe descobrir que o "desengano" sempre é positivo quando se trata de encarar a realidade da democracia.

No contexto da política vodu, dos bonecos que repetem falas estrangeiras, e tendo em vista o *unheimliche* político, somos obrigados a pensar necessariamente a presença do horror na política.

27. Do ridículo ao terror político

Um deputado, conhecido por falas homofóbicas, deu um exemplo fabuloso da introjeção do horror e do ridículo na política no dia da votação do impeachment de Dilma Rousseff na Câmara dos Deputados. Digo horror, embora pudesse dizer terror, para demarcar o mal-estar causado pelo sinistro do momento. O próprio termo sinistro se aplica ao caso, pois parecia algo impossível de ser dito por alguém com sanidade moral, ética e senso histórico. Jair Bolsonaro falou elogiosamente de um torturador, Carlos Alberto Ustra, como o "pavor" de Dilma Rousseff.[27] Ele falava sério, mas como se não dissesse nada de mais. Talvez não se possa enquadrá-lo no âmbito do ridículo político especificamente por esse momento em que ele propôs a questão do pavor. Talvez uma política de "terror", que põe medo nas mentalidades democráticas, seja muito mais a questão. No entanto, a ideia de uma fala que não se leva a sério tem sido o seu capital político. E esse deputado conquista adeptos. Conhecido por nunca ter uma lei aprovada, entre as quais se inclui o projeto da castração química de estupradores, o deputado, ainda assim, é há tempos um dos mais votados do país. Uma de suas estratégias, que tocam no campo do ridículo e da estranheza inquietante, é a de produzir discursos de ódio para, em seguida, posar sorrindo com as vítimas potenciais desses discursos e assim esconder o terror de suas manifestações, como se deu, depois de várias explosões de homofobia, ao posar no calçadão de uma praia carioca, sorrindo abraçado com um conhecido apresentador gay de televisão. Quando atacou verbalmente a deputada Maria do Rosário, praticou um tipo também escandaloso de violência simbólica, ao dizer que ele não a estupraria porque ela não merecia. Ele não falou apenas uma estupidez que seria própria ao estilo do populismo ignorante, mas a ameaçou, colocando-se como um estuprador em potencial. E mesmo tendo que pagar uma indenização por seu gesto, nunca foi levado muito a sério por aqueles que não respeitam a importância das coisas simbólicas.

Muitos políticos pagam fortunas a empresas publicitárias que cuidam de sua imagem porque pretendem ter uma expressão mais palatável, mais simpática para com o povo que nele vota. Isso quer dizer que a política foi reduzida à publicidade e que tudo o que se refere a projetos, do programa de governo às leis que organizam o Estado, limitam-se à lógica da propaganda. Isso também muda a qualidade do que chamamos de política. A política institucional torna-se uma espécie de mercado de oportunidades do qual participam aqueles que conseguiram um lugar na sociedade do espetáculo. A política assume-se como farsa.

Nesse momento, os atores políticos passam a valer como nunca. Literalmente. A aparência vence eleições em um tempo em que a estética vale mais do que a ética e define o sentido da política. Quem tem capital midiático torna-se elegível. O capital midiático de apresentadores de televisão e de perfis em redes sociais torna-se o principal elemento diante dos eleitores ávidos por carisma e simpatia. Sair-se bem em um debate político implica muito mais saber sobre performance. Ser esperto, simpático, gaiato, bem-humorado, conhecer o jogo de linguagem da "tirada", é mais importante do que ser uma pessoa séria e ter ideias politicamente relevantes. O populismo é sempre uma estética, um mascaramento e, por consequência, uma farsa.

No entanto, políticos que têm imagens bizarras ganham lugar por serem bem modelados como personagens. Berlusconi seria o melhor exemplo dessa condição, bem como Donald Trump em nossos dias. Máscaras adequadas garantem votos na farsa política. Tragédia é um termo que não faz mais sentido. A farsa substituiu a tragédia, para repetir Marx mais uma vez. As máscaras caem, mas isso não quer dizer mais muita coisa. As pessoas aprenderam que política é ação de bufões. Elas riem e seguem pensando que se trata apenas de mais um desajeitado cujos pensamentos e ações não têm maiores consequências. Na era do espetáculo, o político não é mais um herói, mas tão somente um personagem que, sendo bom ou mau, é, sobretudo, um personagem de ficção.

Personagens bizarros garantem um lugar no cenário político de um modo estranho para quem tende a levar a política a sério. Muitos aumentam seu capital político justamente na falta de seriedade e em razão dos absurdos que falam. Uma falta suportada pelos eleitores, pois, em um país de eleitores idiotizados, o falar merda torna-se fonte de votos. No Brasil atual, políticos com um discurso fascista soam como personagens simpáticos cujos discursos são aceitáveis. Podemos alegar que os eleitores não acreditam que os personagens que apoiam sejam de fato fascistas, homofóbicos, estupradores, assassinos. Há quem considere a palavra fascista um exagero, ainda que o discurso de apologia à tortura, ao assassinato e ao estupro seja a tônica em várias falas de agentes desse cenário.

Certamente, a suposição de que não seja algo sério acoberta a total seriedade da questão. Não levar a sério é importante quando inexiste a intenção de assumir responsabilidades.

28. "Temer": um problema literal

Personagens se tornam fundamentais nesse processo em que o miasma do terror está em cena. Alguns deles representam uma espécie de "verdade semiótica". Nesse sentido, "Temer" é um rico objeto de análise, porque é um trocadilho literal. Dependendo apenas da entonação, temos que "temer" é um verbo intransitivo. O político Michel Temer é associado a dois tipos de personagens: um mordomo de filme de terror, apelido que recebeu de outros políticos, e ao próprio Drácula, o vampiro (José Serra, uma espécie de vilão neoliberal, sobrevive à mesma associação). Na sabedoria iconográfica da internet, proliferam imagens nessa linha envolvendo outros ministros e deputados, de lobisomens a zumbis, passando por vilões de histórias em quadrinhos.

De um ponto de vista publicitário, essas associações não são boas; elas descapitalizam os políticos por sua associação ao mal. Sabendo disso, após o golpe, Michel Temer evitou assumir seu posto no dia 13 de maio, uma sexta-feira 13, antecipando a posse em um dia. Pode ter sido uma coincidência, mas, de qualquer modo, todos sabem que o destino imagético de Temer estaria selado para sempre caso a posse se desse na data mística. Com o propósito de melhorar a imagem de Temer, que é um homem já idoso, pouco votado em suas eleições para deputado, sua bela e jovem mulher e seu filho pequeno são usados como figuras protéticas por meio das quais se acredita ser possível amenizar a imagem nada simpática que o personagem veio a construir. Que não tenha aparecido nas cerimônias dos Jogos Olimpícos do Rio de Janeiro significa apenas que ele mesmo tem medo, ele mesmo esteve "a temer" as vaias de uma população que não o elegeu. Temer é, portanto, um trocadilho bizarro, uma espécie de vodu neoliberal em que não há hiato entre o nome e a imagem.

Temer, como vampiro, representa a seu modo o próprio espírito do vodu neoliberal: o vampiro vem sugar o sangue da população, mas não pode aparecer à luz do dia, senão ele pode morrer para sempre na vaia, como já morreu nas urnas. No entanto, é um boneco de plástico, pois os vampiros em nossa época de plástico perderam a dignidade orgânica de tempos atrás.

29. A mulher de Temer

Um ditador romano chamado Júlio César tinha uma mulher chamada Pompeia, de quem se divorciou alegando que sua esposa não deveria apenas ser honesta, mas *parecer* honesta. Daí a famosa frase, "à mulher de César não basta ser honesta, precisa parecer honesta". A especulação sobre as mulheres casadas com homens do poder é antiquíssima; a especulação sobre os homens das mulheres é mais rara, afinal, no mundo machista, o privilégio sobre a reputação é dos homens.

Como o jogo político é estético, a função de Marcela Temer é melhorar a imagem do marido, o que se quis, por exemplo, com o famoso perfil da revista *Veja* que usou os adjetivos "bela, recatada e do lar" como qualificação da esposa de Temer. Nas redes sociais, por ocasião da matéria da revista, a ideia virou piada. As pessoas publicavam fotos de si mesmas fazendo poses nada condizentes com a proposta. A campanha foi fraquíssima do ponto de vista publicitário. Rendeu o contrário do que se esperava dela. O presidente, cuja imagem é muito desvalorizada, foi vítima de um tiro que saiu pela culatra.

Com essa caracterização, se quer esconder algumas coisas que a população nem sempre interpreta como vantagens em termos de personagens políticos. Primeiramente, a idade de Temer. No contexto do machismo clássico, a velhice é uma desvantagem. Uma mulher, cerca de quarenta anos mais jovem, é usada para esconder a velhice do marido. O capital juventude é apresentado contra a desvantagem da velhice, mas em vez de aproximar a juventude do personagem velho, na verdade a intensifica, a torna visível e, para muitos, até risível. Esse é o motivo pelo qual a campanha que usa Marcela para impulsionar a imagem de Temer não deu e continuará não dando certo. É uma campanha destinada ao fracasso, pois, por ingenuidade, mostra aquilo que deveria ter ficado oculto, a saber, o ridículo político. O preconceito contra a idade é um dos mais sérios e mais arraigados, contra o qual é preciso fazer campanhas de respeito à dignidade humana. Se Temer fosse um político de esquerda, a revista em questão, conhecida, nos últimos anos, por ser voltada à publicização positiva de personagens de tendência ideológica de direita, estaria fazendo piadas geriátricas que teriam muito mais sucesso do que o escamoteamento em jogo.

A inexpressividade de Temer também deve ser escondida por meio da beleza de sua mulher. Contudo, a beleza de Marcela Temer é uma beleza de capital baixo. Ela se encaixa bem na ideia do belo que agrada. E, de fato, o belo que agrada é em si mesmo um poder. Mas depois da arte moderna, do cinema e do desenvolvimento das artes em geral, o olhar das populações está cada vez mais exigente e a beleza não basta.

O personagem em questão, construído a partir desse presidente sem votos, vai mal, por isso, foge de cerimônias públicas nas quais seria, provavelmente, vaiado. Expressa-se mal em qualquer momento público, mesmo em uma entrevista de televisão simpática a ele, como aquela em que, ao final, agradeceu pela "propaganda", dando um sinal evidente de que não havia problema algum na entrevista sem maiores preocupações com o sentido ético do jornalismo. Talvez a inexpressividade de Temer pudesse até melhorar com a ajuda de Marcela Temer, mas ela não é diferente do marido. Em um discurso em que lançava uma campanha relacionada à infância, Marcela Temer deixou pasmos os cidadãos que levam a sério educação, infância, juventude, direitos humanos e qualquer perspectiva democrática alinhada aos avanços da época que, agora, passa a viver retrocessos dos quais o discurso antiquado proferido pela "primeira-dama" — algo em si mesmo antiquado — foi um exemplo.

Se a mulher de César precisava parecer honesta, a de Temer precisa só parecer uma boneca inflável que fala clichês em momentos convenientes. Vendida como boneca, Marcela Temer é o mais belo e recatado exemplar doméstico do que podemos chamar de "madamismo". Hoje, por meio de sua presença, temos o madamismo elevado à política.

Na versão midiática, o madamismo vem fazer parte da produção do ridículo político em sua forma astuciosa. Em uma época em que as mulheres trabalham e pagam suas contas, em que o lesbianismo é um fato cada vez mais comum, em que as mulheres questionam cada vez mais a ideologia da maternidade, não é possível vender a ideia de que Marcela Temer seja uma mulher de sorte, como as revistas que trabalham para alavancar o governo querem mostrar. Marcela Temer, desqualificada como mulher e vendida como uma boneca pelo marketing do governo , faz parte da vergonha alheia que todos sentem.

30. Madamismo

A questão do madamismo é importante na construção do ridículo político aplicado ao gênero. Vale a pena analisar a aparição desse conceito no filme *Que horas ela volta?* (2015), de Anna Muylaert, no qual é contada a história da pernambucana Val (Regina Casé), empregada doméstica que trabalha em São Paulo. A questão do madamismo, contudo, é localizada em um contexto maior que devemos analisar com algum cuidado. Pois ele também é a ponta de um iceberg, ou a casca de uma ferida infinitamente mais profunda. Vejamos em que sentido.

Além do serviço da casa, onde ela passa a morar em um "quartinho dos fundos", Val acumula o serviço de babá de Fabinho (Michel Joelsas), filho dos patrões, por quem desenvolve um afeto praticamente materno, talvez mais intenso e sincero do que o da própria mãe do menino, Bárbara, uma jovem senhora que é designer/decoradora.

O jogo de tensões de classe aparece de alguns modos no filme exposto em "dominações" diversas, às vezes mais sutis, às vezes menos. A primeira delas está entre as mulheres, mães e trabalhadoras, cada uma dentro de seu contexto de classe. O conflito entre "a mulher e a mãe" é vivido por ambas, mas mediado pelas classes as quais pertencem. Val é a mãe pobre que vive num quartinho dos fundos cuidando do filho de Bárbara, a dona de uma casa elegante, que também trabalha fora e não precisa cuidar do filho. Não há solidariedade entre elas, mas um contrato de trabalho que é também contrato de classe social.

A patroa sai para trabalhar enquanto deixa o filho ao encargo de outra. A patroa assume um lugar no patriarcado, mas está hierarquicamente submetida ao marido provedor, o que viemos a saber mais tarde. Sob seu jugo, uma outra mulher que, obrigada a trabalhar, não sai de casa para trabalhar, pois mora em seu trabalho. Como se ela fosse uma mãe terceirizada, totalmente submetida ao poder histórico que tranca mulheres em casa porque não realizam um trabalho qualificado, mas justamente um trabalho que historicamente parece uma atividade qualquer, que qualquer um pode fazer e que, no entanto, não fazem. Ela trabalha, mas ao trabalhar em casa, esse ofício não tem a nobreza dos outros — os que resultam da formação burguesa e aristocrática pelo estudo — e quase não lhe é reconhecido um senso de dignidade. Val é simplesmente trabalhadora, mas essa condição está subordinada ao fato de ser mulher. Os patrões a tratam bem, mas apenas porque ela segue os estritos limites de comportamento no trabalho que, digamos mais uma vez, é também sua casa.

Sair de casa é uma espécie de ilusão para a outra mulher, a patroa, que se torna uma designer/decoradora de renome (pelo menos é o que supomos ao ver que é entrevistada para a televisão em sua casa). A mulher burguesa é a que trabalha com design. A outra vive mergulhada no que resta, inclusive com o quartinho onde ela vive, o espaço da casa não decorado onde ela recebe Fabinho quando ele vem buscar aconchego. A mulher-designer de algum modo continua, como a trabalhar na ordem da casa, decorando casas alheias, alienada do problema da dominação de classe e de gênero no qual ela tem lugar parcialmente privilegiado.

Talvez Muylaert tenha evitado conscientemente colocar a questão racial em cena, mas foi clara quanto à questão de classe que assume no filme aspectos éticos e estéticos. Um momento no qual vemos que o design é a forma própria da dominação estética de classe merece ser analisado. Há uma cena em que esse aspecto estético — altamente superficial e dialeticamente superestrutural — fica muito claro. Refiro-me à cena da festa. Val presenteou Bárbara com um conjunto de xícaras que, aos seus olhos de patroa burguesa, fina e elegante — e além de tudo "designer" — estava fora do padrão de seu gosto burguês e contemporâneo. Como Bárbara, enquanto patroa, age de um ponto de vista politicamente correto, ela não deixa Val perceber que não gostou do presente. Antes, o recebe com um olhar caridoso. A lei do "esteticamente correto", análoga ao politicamente correto, aparecerá no momento em que Val, na festa de aniversário, vestida com um uniforme de empregada doméstica apropriado para a ocasião, serve café nas xícaras que ela considera as mais lindas. Bárbara repreende severamente a atitude de Val, apenas por seu critério estético — e segue sua vida sem dar muita importância ao fato. Mais tarde, saberemos que isso não passou despercebido por Val.

O jogo de tensões continua. Quando Fabinho — que desenvolveu uma relação de filho amoroso e afetuoso para com Val — cresce, a filha de Val, Jéssica (Camila Márdila), vai a São Paulo para prestar vestibular. Tendo brigado com o pai em Pernambuco, a jovem está desamparada e precisa de ajuda. Os patrões de Val a recebem bem, mas não por muito tempo. Jéssica, contudo, não entende a vida de Val. Ela nem sequer sabia que a mãe vivia na casa dos patrões. Não entende a submissão e a falta de crítica, não entende a docilidade e o conformismo de Val. Os patrões, por sua vez, não compreendem que Jéssica seja uma menina que estudou, que sabe desenhar, e que queira passar no vestibular muito concorrido de uma universidade pública. Para eles, seus projetos de vida são incompreensíveis e não passam de um mero sonho. Jéssica não tem a postura da mãe, digamos que não participa do imaginário dos humilhados. Antes, é altiva e livre. Carlos, patrão de Val (interpretado por Lourenço Mutarelli), um pintor meio frustrado, apaixona-se por ela e chega a assediá-la. Ela percebe o ridículo dessa atitude inscrita num jogo de dominação de classe/gênero.

Em *Que horas ela volta*, antigo-riquismo e novo-riquismo estão expostos na forma do estilo de vida estético e se mostram necessariamente sociais e políticos. O conceito de madamismo surge quando percebemos a oposição entre essas duas mulheres por meio do design. É, sobretudo, o design que as separa. O design é o falso poder, a pura aparência do poder que garante um capital social no contexto da sociedade do espetáculo.

A oposição de gosto surge como oposição de classe: duas mulheres e seus modos de viver profundamente entrelaçados e, ao mesmo tempo, mutuamente negados pelo aparecer. A submissão da empregada à patroa depende de um padrão em que a madame esconde a dominação da qual é vítima opondo-se à outra que ela humilha. Madamista é aquele que dita as regras a partir do design como um padrão de gosto que é sempre padrão de materialidade. A madame não tem o gosto de quem ela oprime.

Se tivermos em conta a cena em que Bárbara admoesta Val por ter quebrado sua bandeja, perceberemos que o padrão estético não é outra coisa do que estratégia de dominação, de poder, de sustentação de um *status quo*. Madamismo é o nome da opressão de classe/gênero que se sustenta em uma forma de vestir, comer, agir, andar, a um tempo, de viver, em oposição a uma estética trabalhista. Madame tem que estar sempre bem vestida, maquiada, com roupas e acessórios de marca, unhas feitas, cabelos cortados e penteados em salões, e não pode fazer os trabalhos da casa, pois toda a sua montagem correria riscos concretos. O madamismo é a adesão das mulheres à estética capitalista especialmente desenvolvida para encaixá-las na docilização dos corpos por meio de vantagens estéticas a partir do parecer bela enquanto parecer rica. Ele serve às mulheres que conseguem um lugar de privilégio no mundo privilegiado dos homens.

A manutenção das aparências como verdadeira força que mantém as condições da dominação é o que define o esteticamente correto do império do design. Enceguecidos pela cultura do espetáculo, não vemos o "evidente", ou fingimos não ver. O velho parecendo novo, o mau parecendo bom, o sujo parecendo limpo, o feio parecendo belo. A norma estética é a expressão da racionalidade técnica da dominação. Exemplos abundam, dos modos de vestir às academias de ginástica.

Dizer que toda ética tem sua estética pode ser traduzido por "toda moral tem o seu gosto". O velho padrão do gosto sobrevive hoje, por exemplo, na ditadura do fashion, em que "fazer tipo" é a lei. A beleza e o bom gosto definem o padrão do "esteticamente correto" enquanto medida a partir da qual tudo é relativo no mundo da aparência. E, como a esfera da aparência é decisiva em uma sociedade espetacular, aquela em que as relações são mediadas por imagens, o poder se exerce ali, definindo silenciosamente quem ou o que é bonito ou não.

Coisa que Jéssica vem a romper, pois desenha, estuda, reflete e pensa em termos de arquitetura. Quer ser arquiteta, ou seja, ela quer projetar. Sabemos que projetar é a ação de poder do design. Sabemos que o design é aspecto essencial da ditadura estética de nossa época. Combatê-lo com os próprios meios talvez seja um ato revolucionário simbolizado em sua figura de jovem estudante de uma classe social menos favorecida economicamente.

31. Manipulação das imagens: misoginia e fascismo

Estamos falando de formas estéticas. Do contexto das apresentações, do modo como a verdade aparece. Com isso, podemos dizer que, em política, toda imagem enquanto é manipulada é também um certo momento do império do design que toca a todos. O design é o espírito de nossa época. Se aprendemos a ler o design das cenas, compreendemos o que se projeta nelas. Isso nos leva a pensar que há um design político manipulado pela publicidade. Há um "projetar" do ridículo, o uso de suas formas naturalizadas, que faz parte de sua astúcia.

O madamismo, tal como vimos, faz parte da estética do aristocrata imitada pelo rico e pelo novo-rico, mas isso é apenas a face mais superficial do que pode ser a manipulação da imagem. A manipulação do ridículo é ainda mais superficial, mas vai infinitamente fundo.

Em 2015, duas imagens causaram confusão na população. Uma era a imagem manipulada de Dilma Rousseff na capa da revista *IstoÉ*, como se ela estivesse furiosa. Nos mesmos dias, a imagem de um discurso de uma professora e advogada chamada Janaína Paschoal circulou nas redes sociais como piada.

As posições políticas de ambas podem ser avalizadas com mais profundidade em outro momento. O modo como as imagens dessas mulheres veio à tona na mídia, contudo, precisa ser analisado. No primeiro caso, trata-se de uma imagem manipulada por meios digitais. No segundo caso, trata-se da gravação de um discurso com diversas testemunhas que foi exposto nas redes.

Não há nada de comum entre essas imagens, inclusive são diferentes em seus propósitos. A primeira foi produzida num processo de distorção da imagem da presidenta a partir de uma fotografia já conhecida, tirada quando da comemoração de um gol durante uma partida de futebol na última Copa do Mundo. Distorções são práticas comuns para pessoas e instituições que entendem a política como um jogo sujo. Talvez, o desespero do mercado comum à imprensa que hoje perde terreno para outras formas mais honestas e até saudáveis de jornalismo nos faça entender o que a revista em questão pretendia, a saber, vender-se bem nas bancas no mercado do ódio midiático atual e contentar seus patrocinadores, que talvez tenham algum interesse na promoção do ódio.

É preciso saber que muitas mulheres eminentes na política já passaram por esse tipo de manipulação, diga-se, que beira o estelionato. Cristina Kirchner, Angela Merkel, Michelle Obama; várias dessas figuras são objeto de uma espécie de bullying machista ao qual se dá o nome de *gaslighting*. Bullying é, nesse caso, um nome estrangeiro simpático, virou uma marca de fantasia entre nós, para ocultar as mais perversas humilhações. Crianças e jovens sofrem isso na escola, mas, em inglês, parece mais ameno e mais "científico" para todos nós. Pois bem, na psicologia, *gaslighting* tem história. Mas é basicamente um tipo de violência por manipulação psicológica na qual mulheres, mas não apenas elas, são associadas à loucura.

Quem já estudou um mínimo de história da histeria e de história da bruxaria sabe desse nexo produzido culturalmente entre mulheres e loucura. Qualquer mulher em algum momento da sua vida já passou pelo discurso machista com teor de manipulação psicológica. Quem zombou de Janaína Paschoal incorreu nesse jogo que reúne, no mesmo campo simbólico, as mulheres e a loucura. Esclarecer certos aspectos é importante no momento em que essa postura deve ser evitada.

Janaína Paschoal, em pleno discurso político diante de uma plateia da faculdade de direito onde ela mesma leciona, a USP, em determinado momento de sua fala, usou de um histrionismo que causou estranhamento geral. Pelas redes sociais, muitos diziam que ela tinha enlouquecido ou estava possuída. A performance envolveu alteração do tom de voz, gesticulação intensa, cabelos soltos e esvoaçantes, socos no ar. Para o humor popular, um prato cheio. Para quem se dispuser a estudar a fenomenologia do poder, talvez se vislumbrasse ali uma iconografia do irracional. O conjunto dos gestos, e, sobretudo, o gesto de girar a bandeira do Brasil no ar e depois soltá-la com força à sua frente era uma tentativa de sinalizar poder. Daquelas demonstrações histriônicas que se vê em palanques, ou estádios de futebol, quando homens gritam, suam, contorcem-se, pulam.

Na internet, enquanto muitas pessoas se divertiam com a performance, outras se preocuparam com o nexo entre mulheres e loucura que continua atuando à revelia dos esclarecimentos feministas sobre esse procedimento machista da humilhação chamado *gaslighting*. O procedimento da manipulação misógina da capa da revista é o mesmo do senso comum que ri de Janaína por ela "parecer" louca. O campo geral da loucura ligado às mulheres apresenta-as como figuras do irracional, do mais mínimo destempero até o descontrole total. As mulheres são tratadas como loucas, de modo a serem diminuídas na sua capacidade intelectual e nas suas potências ativas, éticas e políticas. Homens que fazem coisas muito piores não passam por loucos.

Ora, é evidente que o problema na apresentação de Janaína Paschoal não é ser mulher, também não seria o de estar louca. Vulgarmente, autorizamo-nos a fazer essa reunião de aspectos por amor à piada, e também pelo machismo estrutural, aquele machismo naturalizado que sustenta essas piadas. Portanto, a questão é outra no que concerne à Janaina Paschoal. O problema de seu discurso é que ele foi fascista. O conteúdo era de ódio. Na ausência do que dizer em termos políticos-democráticos, as palavras de ódio vieram à tona, mas eram também fracas, pouco expressivas, de modo que o apelo à expressão, na falta de argumentos, talvez tenha gerado esse tipo de caricatura política. Era preciso gritar, como ocorre quando alguém que não conhece uma língua na qual deveria se comunicar começa a falar alto.

Em âmbito estético, que conta em contextos de oratória, estamos diante de um caso bem interessante do que chamamos de "ridículo político". Mas uma ressalva deve ser feita. Como as mulheres são muito mais controladas esteticamente, compreendemos o porquê da atenção que se deu a essa pessoa e a esse evento, e não a outros reis do histrionismo que fazem de tudo para aparecer, já que nesse aparecer têm seu capital político. A mídia sabe que o ridículo tem que ser controlado conforme a necessidade, pois ele pode produzir efeitos indesejados.

O não ter nada a dizer que é efeito do empobrecimento da linguagem e do pensamento, algo que surge pela incapacidade de ver o outro, de pensar no outro, gera lacunas afetivas que são também cognitivas. São essas lacunas que retornam como uma espécie de recalcado na forma de expressão caricata. Mas não pensemos que isso é ingenuidade. No espaço político, esse histrionismo tem um propósito claro de mistificação das massas. A ideia de que o outro se curvará a uma demonstração de força, como o grito, está em sua base. Sendo que a força, tendemos a pensar, é sempre masculina e bruta, Janaína Paschoal usou-a pra tentar demonstrar um poder sem fundamento. E fez isso, aparentemente, de um modo espontâneo. Hitler também gesticulava muito, mas não era simplesmente um louco; vários dos nossos parlamentares, juízes e cidadãos que agem na mesma linha fascista também não o são, ainda que se esforcem por parecer e usem esse "parecer" de modo perverso, como um capital.

Pastores neopentecostais e políticos gritam, urram, sapateiam, xingam, produzem peças publicitárias, manchetes de jornais, capas de revistas, notícias falsas, operações policiais, julgamentos falsos, leis vergonhosas, tudo simultaneamente, num jogo destrutivo da política. Personagens como a professora e advogada não podem simplesmente ser considerados ingênuos ou marionetes de uma cena, afinal, é uma pessoa que opera no território das ideias e das leis. Ao mesmo tempo, o caráter de marionete não pode ser descartado no que se presenciou. O ridículo político só desenvolve sua astúcia quando a desvantagem do "mico", para usar uma gíria muito comum, torna-se esperteza do personagem e chega ao estilo administrado pelo próprio personagem, que, de algum modo, passa a agir confortavelmente a partir dele. Talvez, a cena histriônica tenha sido praticada com afetos verdadeiros e sinceros, tal como acontecia nos gritos e gestos exagerados de Hitler que ficaram gravados para sempre em diversos filmes da época, no cinema de Leni Riefenstahl e outros. Theodor Adorno e Max Horkheimer, em *Elementos do antissemitismo*, falam da volúpia do grito e do assassinato nazista, e nós poderíamos suspeitar também da volúpia do discurso que o prepara.

De qualquer modo, aqueles que servem de marionetes do ridículo contribuem para a criação e manutenção das condições de docilização, de anestesia, de negligência que dão à política um tom de desimportância útil aos que detêm os poderes econômico e político em nossos dias. O ridículo político, sob sua forma astuciosa, nada mais é do que preparação para a implantação do programa neoliberal. O ridículo político nos faz saber, apenas, que não podemos esperar mais nada desde que ele se tornou o registro estético, a forma como se apresenta uma economia política da qual não poderemos escapar, assim como não escapamos da política — mas agora tudo se dá em uma direção perversa.

A questão da misoginia relacionada à manipulação das imagens ainda tem muito a nos dizer.

32. Minotaura — manipulação misógina

Cabeça de vaca, corpo de mulher. A vaca, uma novilha. O corpo, estereótipo da "gostosa" em trajes de *pin-up*. A descrição é a do cartaz da festa "Calourada do Abate", da escola de veterinária da Universidade Federal de Minas Gerais em 2013. A montagem da "minotaura" causou indignação na comunidade universitária. Foi logo substituída por um novo cartaz com a imagem de um jovem de pijama com estampa de vaquinha. O moço da montagem faz muxoxo de bebê chorão.

Devemos analisar esse exemplo, antes de seguir adiante, porque ele nos ajuda a entender a ridicularização do outro, em especial quando esse outro é mulher. Seria interessante pensar que toda a exponibilidade sexual de mulheres que vemos nos meios de comunicação de massa, e também nas redes sociais por parte de seus parceiros, sua redução ao corpo, ao sexo, à mercadoria, não seria um modo de ridicularização, ou pelo menos um mesmo método. A cultura machista, em seu acordo com a publicidade, pode ser definida como contexto de exposição ao ridículo em função do gênero politicamente minoritário. Uma hipótese a se pensar é se o rebaixamento ao corpo (para lembrar Adorno), a tecnologia da carne (lembrando Foucault), e outros procedimentos machistas, não fariam parte de uma estetização do corpo feminino do qual a sujeição ao ridículo — da qual a montagem da "minotaura" é exemplar — também faz parte.

A imagem do "bebê chorão", embora dê o tom de humor que se acreditou necessário para evitar brigas, não é uma desculpa proporcional. Ela nos traz uma dúvida: por que o novo cartaz não tem um corpo de homem estilo "gostoso" e uma cabeça de "touro", que seria o "macho" da vaca? É que o "homem" no imaginário machista até se deixa infantilizar, fazer o tipo de "bezerro mamão", mas não se deixa "abater". Antes, ele chora e comove pela "fofura" que ele é... A imagem da minotaura da festa do "abate" deixa claro que se come a vaca e a mulher, ou a mulher-vaca, mas não o bezerrinho chorão. E isso porque o bezerro é infantil em seu "fofo" pijama malhado, enquanto que a vaca-mulher é sensual em sua lingerie apelativa. A lógica da piada machista está exposta: a humilhação das mulheres deve parecer divertida — coisa que não faz mal a ninguém. O bezerro chorão vem confirmar que era só brincadeirinha, que o filhotinho da vaca é irresponsável como uma criança. E assim fica tudo bem.

A análise do vocábulo "comer" demonstra a lógica do que a ativista Carol Adams chamou de *A política sexual da carne*.[28] "Comer" é expressão brasileira usada para definir o ato sexual. Diz-se que fulano comeu fulana, mas não o contrário. Não se "come" um homem, mas apenas uma mulher. Ainda que Adams use o termo "referente ausente" para falar da carne em si, destituída simbolicamente de identidade, no Brasil associa-se a mulher à vaca. Come-se, portanto, a vaca, e isso vem refletir o imaginário social sobre mulheres desde há muito tempo.

A política sexual da carne foi publicado nos Estados Unidos há mais de vinte anos. O livro demonstra a relação entre feminismo e vegetarianismo contra a aliança entre a dominação masculina e o carnivorismo. A crítica ao especismo, a ideologia que afirma que seres humanos são superiores a outros animais, é foco a ser desmontado.

Numa pesquisa de anos, Adams demonstrou a associação imagética e ideológica entre mulheres e animais produzidas no contexto da dominação masculina alicerçada na matança e na violência. Nesse contexto, a associação simbólica entre o ato sexual e o ato de comer animais revela a animalização das mulheres e a sexualização dos animais em nome da valorização de uma "virilidade" sem a qual a dominação masculina não se sustentaria. A virilidade dos homens é marca estética da violência que serve à sensualização das mulheres. E da vaca do cartaz da "Calourada do Abate".

A relação simbólica entre bife e virilidade faz parte do autoritarismo masculinista em muitas culturas. Em algumas regiões do Brasil, vemos a lógica da política sexual da carne exposta quando um homem faz o churrasco. Mesmo que o arroz e o feijão sejam produzidos por mulheres para o consumo do dia a dia, é comum que os homens escolham, cortem e assem a carne do churrasco em dias especiais. Mas não fazem a salada. Mulheres açougueiras ou churrasqueiras são raras comparativamente ao hábito do churrasco entre homens. A manipulação da carne (seja da mulher, seja da vaca) é tida em muitos locais como "coisa de homem". Por isso também não vemos um minotauro estampado na festa do abate da calourada. O "abate" que está em jogo em nosso imaginário é o da mulher. Feminicídios são muitos; não há, contudo, "virilicídios" ou "masculinicídios". Uma mulher pode ser morta apenas porque é mulher; uma travesti; um homossexual (no imaginário masculinista, quem "não é bem homem"). Um homem jamais será "abatido" ou "comido" pelo fato de ser homem.

Contudo, o discurso "carnofalogocêntrico" apresenta uma virilidade ansiosa demais por autoafirmação. O que isso pode realmente significar? Provavelmente que há algo que vem sendo acobertado por meio desse teatro cuja desculpa é sempre a ideologia da natureza.

33. Choque político: choque e anestesia na cultura política do Brasil atual

Em *A doutrina do choque — A ascensão do capitalismo de desastre*,[29] Naomi Klein expôs o nexo entre as ditaduras latino-americanas e a economia--política neoliberal criada e difundida por economistas e governos dos Estados Unidos. Seu objetivo era apresentar aspectos técnicos do que ela chama "capitalismo de desastre", aquele que depende da produção do choque — seja econômico, seja político, seja subjetivo — e que sobrevive à custa de todo tipo de catástrofe, seja da natureza, seja da política. Um dos seus exemplos é o 11 de setembro norte-americano, data a partir da qual massas inteiras pelo mundo afora passaram a viver desorientadas e assustadas em função de um choque.

No Brasil, vivemos um choque com o que diversos analistas tem chamado de golpe, o impeachment da presidenta Dilma Rousseff, que se deu sem a demonstração cabal da ocorrência de um crime de responsabilidade. No que seria um arranjo entre imprensa, sobretudo a televisiva, juízes, deputados e senadores, igrejas, corporações nacionais e internacionais, que vivem do mercado, e toda uma máfia econômica e política, que talvez estejam a regozijar-se enquanto a democracia fenece. Os Jogos Olimpícos de 2016 serviram de ópio para o povo, e cinicamente sempre se pode dizer que é melhor para o povo, afinal sofre-se menos com anestesia geral. Mas anestesia é o que não se usa na hora do choque, apenas depois, no momento em que se deve entrar na fase de aceitação do processo. Os mais anestesiados, bem como aqueles que vão ganhar mais com o golpe (sim, alguns poucos ganharão algo como um animal de rapina...), usam a palavra "impeachment" como anestesiadora.

Em seu livro, Naomi Klein fala da tortura como uma metáfora do capitalismo de desastre, que é justamente aquele procedimento de rapina que se aproveita das desgraças naturais e planta desgraças políticas em países ou comunidades que pretende de algum modo usar, sejam os recursos naturais, sejam as pessoas. Um tsunami ou um incêndio em uma favela, bem como um golpe de Estado, são acontecimentos chocantes que permitem produzir outros choques econômicos ou implantar medidas que, para a população desinformada, parecem as melhores. Queima-se uma favela para erguer um condomínio — ou para esconder as pessoas pobres e sua forma de vida em tempos de turismo, afinal a aparência é capital literalmente — e ninguém ou quase ninguém achará que isso é um problema social, moral e político imenso. Outro exemplo, acabando-se com as políticas públicas reativas à saúde e educação criam-se as condições para que ninguém considere ruim a privatização. Quem não tiver dinheiro para pagar um plano de saúde, também não vai se importar muito porque já terá perdido as forças para lutar por qualquer melhoria em suas condições de vida. Terá perdido até a força do pensamento, que nos ajuda a entender o que se passa ao nosso redor.

A tortura serve para chocar e desorientar, explica Klein. Para isso é que foi inventado o eletrochoque. A tortura é a metáfora da lógica que permeia a doutrina do choque a ser aplicado em casos individuais ou coletivos quando se trata de "quebrar resistências" e "promover rupturas violentas entre o prisioneiro e a sua habilidade para compreender o mundo à sua volta". Não se trata, portanto, apenas de um vazio do pensamento que surge pelo abandono da subjetividade como se isso acontecesse por acaso. Na vida cotidiana imita-se o procedimento da tortura, mas de um modo estranhamente palatável. O vazio do pensamento é milimetricamente produzido com microchoques que a religião, há muito tempo, bem como o cinema e a televisão — mais recentemente — produzem com maestria, como explicou Christoph Türcke em um livro de 2011 chamado *Sociedade excitada*.[30]

As técnicas de tortura podem ser mais físicas ou mais psicológicas. Em todos os casos, com o uso desses meios sempre perversos, visa-se à entrega total do indivíduo ou das populações. Atualmente seguimos recebendo injeções de veneno e de morfina visual com novelas, jogos, séries de televisão, reality shows, missas carismáticas, exorcismos. Somos um experimento da doutrina do choque que é, em tudo, neoliberal. O sono produzido com essas medidas leva a uma espécie de lobotomia consentida. Se alguém acordar no meio do que vem acontecendo, pedirá pra voltar a dormir.

34. Capital como linguagem: sobre sofrimento e estado de choque políticos em um mundo de VIPs

A anestesia tornou-se uma categoria política fundamental. Em gradações diversas, ela se opõe ao despertar do pensamento e da ação. Os mais anestesiados não percebem que choques vêm sendo aplicados no corpo social — os desmontes dos sistemas de saúde e da cultura, destruição da economia, de programas sociais voltados à educação e aos direitos trabalhistas — com meticulosidade perversa. É a meticulosidade da operação capitalista em seu estágio neoliberal, que se resume de um modo simples: quem não tem "capital" não tem como se proteger.

O capital parece abstrato como um deus, mas ele é linguagem e, como tal, também tem algo de abstrato, de não material, para quem o detém e para quem não o detém. Ele funciona como um código de acesso a uma política destrutiva e a uma estética de aparências. Quem defende o capital lucra subjetivamente em um sistema de compensações psíquicas, mesmo quando não lucra objetivamente com ele. Aquele que não fala a língua do capital, inclusive em um sentido literal, está fora de uma participação possível em um jogo em que é fácil ser excluído. Se o cidadão não fala a língua do sistema, ou seja, não se torna útil para os fins do mercado, da produção e do consumo, ele mesmo abdica de querer saber sobre seu destino.

O corpo dos cidadãos sofre na pele e na carne aquilo que é produzido pelo sistema em termos de choque. O choque faz sofrer. Sem educação pública, sem um sistema de saúde para todos, sem projetos que visem à diminuição da desigualdade social — ao contrário, com sua promoção —, as pessoas sucumbem, impotentes, tentando de sol a sol sobreviver com o mínimo. O aumento do desemprego, o número cada vez maior de pessoas vivendo nas ruas, as piores condições de vida para todos são a prova de que a política do choque neoliberal age de maneira biopolítica, ou seja, calculando sobre quem vai viver e quem vai morrer e deixando à morte aqueles que são historicamente mais fragilizados socialmente por suas condições de classe, e que vêm sendo enfraquecidos por diversas formas de violência material ou simbólica. Mas não só, ele age também de modo anatomopolítico, de um modo particular. Daria para dizer que age caso a caso, pegando cada um onde cada um é qualquer um. Ou seja, há uma captura insistente sobre cada indivíduo que é tratado como "caça". E a captura se dá materialmente, seduz e oprime no que há de mais particular e próprio a cada pessoa. Seus corpos, suas vidas, o dia a dia onde cada um é gente simples e comum. Isso não vale para quem fala a língua especializada do capital e é ungido com o sinal sagrado de VIPs (*Very Important Person*).

Se pensarmos no choque elétrico, na tortura administrada para causar sofrimento até o limite da morte, podemos entender melhor o que está em jogo. A tortura funciona apenas quando evita que o torturado morra. Enquanto controla a morte, há nela uma administração do sofrimento. A morte está presente na tortura, mas como algo vetado ao indivíduo que deve viver para sofrer de um sofrimento físico limítrofe. Para que seja possível sentir o mal, e cada vez pior, é preciso estar vivo. Muito do que experimentamos no regime capitalista tem a ver com esse acostumar-se ao sofrimento, tal como se defende também no cristianismo. O próprio sistema se encarrega de transformar o sofrimento em mercadoria. A indústria farmacêutica e a cultura da psiquiatrização da vida fazem parte disso.

Se pensarmos na tortura em termos coletivos, entenderemos que a morte de todos não interessa, muito menos de uma só vez. Alguns morrem, mas os que morrem não são os ungidos com o incenso de VIP, que valem mais vivos do que mortos. Muitos músicos, que seriam facilmente enquadráveis no sistema VIP, valem mais mortos do que vivos no necromercado da música. Pode-se lucrar muito com os que adoecem ou são adoecidos e marcados para morrer. Antes e depois da morte, ricos e pobres, todos valem como capital, na medida em que são consumidores de sofrimento industrialmente produzido e dos paliativos para amenizá-los. Sofrer no capitalismo tem uma dimensão útil, sobretudo quando vemos que as pessoas que sofrem sucumbem com mais facilidade, são mais fáceis de dominar, seja qual for a forma de sofrimento.

As pessoas que sofrem, as que ficam à margem da sociedade, ainda podem ser usadas pelo sistema econômico, que ao longo dos séculos os formou renovando a cada dia a desigualdade como se ela fosse um contrato, um acordo preestabelecido pela liberdade de todos. Pobres e escravos sempre foram úteis e, para que continuem sendo, precisam ser amansados. E o são, facilmente, pelas seduções do poder, pelas mercadorias, pelo conforto e, quando não servem, pela opressão escancarada. Parece que não há sofrimento porque de tudo a ordem da sedução tomou a cena. E a opressão, quando necessária, torna-se para muitos um estranho "dever" dos opressores na manutenção da ordem.

Para garantir o poder da política do choque neoliberal, as pessoas precisam acreditar que são livres, que estão crescendo, avançando de algum modo, com seus esforços e com Deus, que tudo está melhor hoje ou que vai melhorar amanhã. A promessa é a alma do negócio, o que une capitalismo e religião. Cada vez mais dóceis pelos sedativos e entorpecentes capitalistas sob as suas diversas formas, as pessoas se entregam. A docilidade com que escutam música ruim, com que comem comida do pior tipo, industrializada e transgênica, com que recebem salários humilhantes, com que aceitam ser traídas e aviltadas pelo Estado e pela televisão e seus sacerdotes canastrões é de dar dó. Aqueles que se dispõem a trabalhar sem pensar nas forças das quais são joguetes aprendem a não reclamar, a pensar que um dia receberão as honras do mérito que os torna especiais. Eles precisam iludir-se de que são "especiais" como aqueles VIPs para os quais trabalham.

A propaganda e a igreja fazem cada um se sentir especial. A adesão aos líderes fascistas e à "direita fashion", tão burra quanto cafona, faz cada qual se sentir o máximo sem suspeitar da própria ignorância. Ela é efeito de um perigosíssimo processo de subjetivação ao qual deu-se o nome de neoliberalismo.

35. Morte administrada

A morte é evitada na tortura e o sofrimento é administrado. Mas a morte continua acontecendo nas populações, e a isso chamamos de genocídio. Quando se trata da morte de um só, e se ele for negro e pobre, sua morte, assim como sua vida, não terá valor. Falar nessas mortes é inconveniente, não pega bem para os padrões de bom comportamento da classe média, do que chamamos, às vezes, de burguesia e que, segundo uma letra de Cazuza que não pode ser esquecida, "fede." É igualmente inconveniente falar da morte lenta das populações que dependem de um Estado de bem-estar, porque a única democracia que o neoliberalismo garante é a da morte democraticamente partilhada, como que paga a prestações.

Nesse momento não é bom falar nesses termos. Essa perspectiva assusta. A pecha de pessimismo, de esquerdismo, de comunismo vem para desqualificar a crítica, esconjurar o mal-estar geral. A matança segue com ou sem os silêncios ou os bons sentimentos que nos fazem falar alguma coisa e ter que prestar contas diante de um número curioso de fascistas, que não são tantos, mas fazem muito barulho, pois descobriram o capital como linguagem e a linguagem como capital. Para alguns, essas pessoas seriam apenas "chatos" e "autoritários" que sobrevivem de "ideias idiotas". Sabemos, contudo, que são pessoas cheias de ideias e projetos preocupantes, nas quais a maldade e a má-fé parecem claras. Sejam líderes, seguidores ou puxa-sacos, todos parecem unidos em um sistema de compensação econômica e psíquica em que o rebaixamento do outro é o método para angariar vantagens pessoais.

Indígenas, jovens negros, mulheres, travestis e pobres são mortos celeremente no abandono geral que salva apenas quem é "VIP". Mas a morte não deve aparecer nem ter o nome de matança ou genocídio. Não nos acostumamos a ela, mas ao silêncio. Ele nos protege. A morte deve ficar oculta para o bem da imagem do sistema. Discursos religiosos e políticos, e o que mais for veiculado pelos meios de comunicação, têm essa função. A poderosa função do acobertamento. O acobertamento da morte.

36. Estética neoliberal

Neoliberalismo na sua versão atual e mais conhecida é uma espécie de programa econômico que dispensa a regulamentação do Estado para produzir a total liberação do mercado, mesmo que à custa do encarceramento de grande parcela da população, o que nos permite perguntar o que foi feito da liberdade como um ideal social O neoliberalismo é mais do que uma superespecialização do capitalismo, ele é a sua forma fundamentalista. A intensificação das desigualdades econômicas e sociais, o enriquecimento de uns e o empobrecimento da maioria são as desagradáveis consequências ocultadas por seus praticantes e ideólogos. Expostas, elas podem prejudicar a implantação do programa. O ridículo político, por parecer aproximar-se do povo, já que parece distanciar-se das elites, é a manipulação de um jogo de aparências que serve para tornar o neoliberalismo inofensivo. Não tememos os bufões, porque os bufões da política não são de se levar a sério. E assim eles chegam onde pretendem e fazem o que querem.

A impopularidade do neoliberalismo prejudica sua adesão, por isso, quem defende o projeto neoliberal evita falar seu nome. Nunca vimos um governo neoliberal discursar apologeticamente usando a expressão. O neoliberalismo é evidentemente mais que um nome, é uma ideologia que precisa contar com a adesão das pessoas, ou, mais ainda, com seu silêncio, por isso o discurso neoliberal não pode expor seus limites. Quem fala neoliberalismo em voz alta, ofende. Vender-se como racionalidade, como progresso, como o melhor caminho para o melhor dos mundos possíveis, coloca-o no caminho da religião. Que, a partir daí, a sociedade esteja dividida entre vencedores e vencidos parece não causar nenhum problema. Ao mesmo tempo, a estética do rebaixamento do gosto, um ridículo introjetado como nova natureza, é partilhada e sugere que agora estamos vivendo democraticamente. O consenso é o do silêncio em torno do neoliberalismo como economia política e do ridículo como estética dessa economia política.

Toda ideologia tem uma estética própria. A estética é fundamental quando se trata de acobertar éticas e políticas cujo conhecimento geral seria prejudicial à sua própria manutenção. Quando se trata disso, o termo estética se refere ao padrão de ocultamento cuja leitura crítica implica "desnaturalizar" o naturalizado, deixar visível o invisível. A leitura do caráter falso é sempre reveladora. Se vulgarmente entendemos a estética como o que serve para ocultar, sua compreensão pode nos fazer desocultar algo.

Estereótipos, padrões de normalidade, plasticidades reguladas não nos permitem compreender o que vemos. Assim, podemos tomar como exemplo as imagens da segurança que são, ao mesmo tempo, imagens da violência. Guardas nas ruas podem dar a impressão de proteção, mas revelam também a violência que pode ser usada contra outras violências ou simplesmente usada sem que exista violência física como forma de ostentação do poder. Nesse caso, a ostentação do poder é ao mesmo tempo a da violência possível. A história do poder poderia ser lida como a história da ostentação da violência, sendo violenta a própria forma de exposição do poder. Imagens da violência são imagens dialéticas. Forma e conteúdo a um só tempo.

Ora, todo poder controla a percepção, os sentidos e, do mesmo modo, as imagens. Assim é o neoliberalismo em sua fase atual. O caso brasileiro é dos mais interessantes de analisar. Podemos citar como imagens da violência tanto o ministro da justiça cortando pés de *cannabis* vestido de guerrilheiro ninja, quanto os carros blindados que passeiam pelas ruas na direção dos shopping centers — esses mercados hiperprotegidos por guardas privados e câmeras por todos os lados, onde cidadãos são vigiados como se fossem *a priori* bandidos em potencial. As blitze de polícia nas ruas das grandes cidades também entram na lista. Elas mostram a violência que escondem. Como os programas de televisão que moldam a sensibilidade para o medo, enquanto exibem um apresentador bem-vestido a fazer sua gritaria sob a fantasia da melhor das intenções. Também o juiz que afirma, engravatado, branco e com o rosto tranquilo, que atos ilegais podem ser praticados com boa-fé, a esconder a má-fé do Estado, ou de si mesmo investido de uma soberania na qual só os autoritários se sentem bem, é uma das imagens mais cínicas da violência. Uma violência institucional que torna clara a vigência de um estado de exceção, aquele no qual a lei foi cancelada por atos de Estado. Ao mesmo tempo, se pensarmos na presença, durante certo período da história recente, de classes sociais que viviam como que não autorizadas em contextos que eram "reservados" à burguesia, às classes abastadas, em shopping centers e aeroportos, praias da zona sul carioca, então percebemos que toda economia e toda política produz algum tipo diferente de estética, de aparição, e que o direito de aparecer — um direito que é basicamente estético — é um dos fundamentos de toda política.

Do medo de roubos e assaltos ao medo de não ter emprego amanhã, somos controlados milimetricamente pelos poderes que compõem o Estado capitalista, inclusas as corporações que controlam a economia e os meios de comunicação, que controlam a percepção e o pensamento. O choque elétrico da tortura é análogo ao choque programado diariamente pelos micro e macrochoques econômicos ou aos que a televisão e a publicidade nos dão a cada segundo moldando nossa percepção.

37. Filosofia do rolê: ipanemismo, parque temático e o que chamamos de cidade

Para pensar o ridículo político, podemos lembrar a questão do que no Brasil se chamou nos últimos anos de "rolêzinho". Iniciemos pensando a questão do movimento.

O movimento se confunde com o princípio da vida. O que era extasiante para um filósofo antigo que tentava explicar o princípio do ser tornou-se, para nós, coisa corriqueira. Há tempos, sob a lente de um microscópio, observamos a dimensão unicelular da vida a mover-se. Com a invenção das imagens técnicas, sobretudo da fotografia, tornou-se mais fácil perceber o movimento inerente ao crescimento de uma planta. A olho nu, vemos as folhas de uma árvore levadas pelo ar em movimento. Não vemos o vento, mas o movimento das nuvens provocado por um elemento físico. A olho nu, observamos as circunvoluções de uma pedra na água. Da água, se sabe que está sempre em movimento, por isso dizer "água parada" só faz sentido no âmbito da percepção. Na mesma linha, se contemplamos a vida dos animais, percebemos como se movem, nadam, correm ou voam, comem, acasalam, brigam, brincam. Na saúde e na doença, na alegria e na tristeza, o movimento é próprio a todas as coisas que existem.

Podemos dizer que o movimento é um princípio da vida biológica e também um princípio da vida cultural, a vida dos seres humanos. Nosso corpo e nossa linguagem (linguagem que só podemos separar de nossos corpos para efeito de especificação) caracterizam-se pelo mover-se. A célula particular está em movimento, assim como todo o nosso corpo — em todos os seus gestos e atos, do comer ao dançar, do dormir ao trabalhar, do pensar ao falar, é movimento. A história, por sua vez, poderia ser contada como uma história dos movimentos no tempo. A questão da mobilidade é ainda mais importante quando pensamos nas condições do movimento. Alguém que precisa de uma cadeira de rodas terá nela uma condição, e nos caminhos pelos quais ela possa passar, a condição para a condição. Se o movimento se dá no espaço, devemos saber que a administração do espaço modifica o movimento. E vivemos em uma cultura em que a administração do espaço constitui o poder sobre o espaço e, desse modo, sobre as condições da mobilidade e, assim, sobre os corpos e suas potencialidades no que concerne ao ir e vir.

A questão da mobilidade discutida hoje em dia por muita gente anuncia uma política do movimento. O direito a mover-se pela cidade, hoje em dia reivindicado sobretudo por usuários de cadeiras de rodas, é um direito de todos os corpos. Mas a ordem do movimento que esconde os direitos determina quem pode, quando e onde andar. Por isso, o modo de manifestar-se politicamente é organizado na forma do que chamamos de "mobilização", e à sua forma mais concreta chamamos justamente de "movimento".

É a partir da questão da mobilidade e do nexo com o manifestar, com o mobilizar que culmina, no movimento político, que podemos falar de uma "Filosofia do rolê". A questão da mobilidade é solidária à filosofia do rolê. Na construção de uma crítica política da ordem do movimento devemos introduzir em filosofia o conceito de "rolê". Por meio dele é que podemos abordar a questão prática, ética e política do ir e vir.

Muitas vezes dizemos "dar uma volta". Quem se entende melhor com a gíria há tempos diz "rolê". Rolê não é apenas uma volta, mas a volta em um contexto. Há, no rolê, algo de pesquisa, de expedição. Faz-se um rolê para ver como as coisas são. Ao mesmo tempo, que o rolê implica um fazer, diz-se "dar um rolê". Como se o rolê não fosse uma mera ação, mas uma doação. No doar próprio ao rolê, vemos o gesto que, por mais que tenha objetivo investigativo, é ao mesmo tempo gratuito. Um ato da ordem do prazer do conhecer. Além disso, não se dá um rolê sozinho, o rolê implica o grupal. Desse ato grupal que visa ao conhecimento podemos dizer que é o ato filosófico originário. Os filósofos peripatéticos eram aqueles que buscavam o conhecimento passeando pela cidade. Lembremos dos gregos. Do mesmo modo, o rolê se constitui hoje como um ato de passear para conhecer.

Nele está o olhar do expedicionário que pretende entender um lugar desconhecido, o olhar do investigador que intenciona descobrir as novidades da natureza e da cultura. Lembremos dos expedicionários de antigamente coletando plantas, animais, pedras, objetos da natureza que eram levados para coleções, laboratórios e museus na época em que a natureza começava a ser reduzida à propriedade privada e à *commodity*.

38. Turismo: um rolê comercial na era do ipanemismo

Em tempos urbanos, o turismo é a redução da viagem à mercadoria. Rolê comercial e, como tudo o que é comercial, facilmente autorizado no âmbito de uma cultura voltada ao consumismo. Visitas de turistas podem parecer invasões bárbaras para os moradores de cidades muito visitadas, como Roma, Paris, Rio de Janeiro..., mas isso apenas para os moradores que pensam a partir da lógica de dois pesos e duas medidas: desejam os lucros do turismo, mas não suas consequências.

Que o movimento das populações seja autorizado é apenas em nome do turismo, enquanto o turismo é a mobilidade reduzida à mercadoria. Atrás dela fica o abstrato direito de ir e vir. A imigração que é controlada na direção inversa ao ato turístico pertence ao âmbito desse direito. No seu caso, o direito estaria acima da forma mercadoria. Mas em uma cultura do consumo, o que escapa à forma mercadoria não tem valor e, no extremo, deve ser extirpado. Rolê, nesse sentido, é a qualificação política do ato natural e cultural de dar uma volta. Ele implica um regime democrático do deslocamento. No clima de controle das populações, proibir o passeio é um ato antissocial e antipolítico. Um ato de opressão estética, pois sabemos que o que se controla são as pessoas esteticamente indesejáveis. O gosto burguês protege o que se encaixa em seu padrão de beleza. Esse ato é autoritário. Contra o autoritarismo, o rolê se ergue como revolta. Passear torna-se uma atitude afirmativa. Perigosa, no entanto, pois o poder de governar reduzido à polícia pode também aviltar, maltratar e matar aquele que passeia.

Uma filosofia do rolê é uma filosofia peripatética. Uma filosofia do transitar, do transpasseio. Aquele que dá o rolê vai ao desconhecido e espera voltar para casa, como Ulisses, que, um dia, aventurou-se pelos mares para retornar a Ítaca. Se o desconhecido é inóspito, natural que se encontre monstros nele.

O monstro devorador atual é a burguesia adepta do antigo-riquismo ou do novo-riquismo, do madamismo, do leblonismo ou do higienopolismo, com seus costumes amparados na cafonérrima ideia de "gosto", aquela mesma que foi inventada com os fins da dominação do outro. Ipanemismo, para brincar aqui de um estilo de vida, pode ser a sua melhor expressão, que serve para nomear o conceito de bairro e cidade reduzido a parque temático. A transformação da cidade, e de todos os seus bairros, em parque temático se deve à lógica do controle estético. Cito Ipanema por ter entrado para a história e ser um bairro tão citado quanto o Soho, de Nova Iorque.

Por fim, nesse contexto em que pensar é cada vez mais necessário, é bom lembrar de Galileu Galilei, que, tendo sido perseguido e preso pela Inquisição, deixou claro para todos que, apesar da disputa entre as teorias, a verdade era uma só: a terra não estava parada como a Igreja queria que estivesse. *E pur si muove*, ou "E, no entanto, se move", foi o que disse Galileu depois de ter renegado sua própria teoria, o heliocentrismo, diante dos padres da Igreja. Que a Terra se movesse era algo insuportável para a Igreja daqueles tempos, assim como é insuportável para os burgueses, esses devotos da igreja do capital, que pessoas com quem não se identificam se movam, vão e venham, em nossa época. Mas as pessoas, assim como a Terra, continuarão se movendo. A tarefa histórica é, neste momento, ir aonde não somos chamados e não ir aonde querem que estejamos.

Um revolução se anuncia na invasão e na ocupação dos shoppings e praias, reservadas indevidamente às classes do capital, das ruas pelo povo, dos meios de comunicação pelos artistas, do governo pelos cidadãos. Talvez a partir daí possamos superar o parque temático, esse ridículo espacial com finalidade excludente e, portanto, política, e voltar a viver no que poderíamos chamar de cidade.

39. Os três vazios: a substituição das ideias pelo design, das emoções pelo êxtase, da ação pelo consumismo

Podemos caracterizar nossa época a partir de três grandes vazios.

O primeiro deles é o vazio do pensamento, tal como o denominou Hannah Arendt. A característica desse vazio é a ausência de reflexão, em palavras simples, de questionamento. Como é impossível viver sem pensamento, o uso de ideias prontas se torna a cada dia mais necessário, e vemos ideias se transformarem em mercadorias para facilitar sua circulação. Não são apenas as ideias que viram mercadorias. As mercadorias também vêm substituir as ideias. Elas se "consubstanciam" em ideias e fazem a sua vez. O império do design de nosso tempo tem a ver com isso. Cada vez mais gostamos de coisas nas quais se guarda uma ideia ou um conceito, mas transformado em coisa de algum modo útil, mesmo que seja apenas a utilidade da ostentação. Hoje em dia vende-se autenticidade e prosperidade como um dia se venderam outras grandes ideias abstratas como a felicidade, a liberdade e a imortalidade. A ideia é melhor vendida por meio de conceitos que podemos possuir ou queremos possuir. O design garante isso. O que antigamente se chamava de "arte pela arte", agora se chama de "design pelo design".

Com isso, quero dizer que o mundo da aparência substituiu o da essência e isso atingiu até mesmo o pensamento. A inteligência se tornou algo da ordem da aparência, uma moda que serve para moldar mercadorias mesmo que estas sejam inúteis. Por isso mesmo, a ignorância populista também faz muito sucesso. Enquanto uns vendem aparência de inteligência, outros vendem aparência de ignorância. Se há realmente inteligência ou ignorância, não é bem a questão. Ganham os que sabem administrar essas aparências para a mistificação das massas. A indústria cultural também é do design. E o design também é da inteligência e da ignorância.

O segundo vazio parece ainda mais profundo, até porque, tradicionalmente, tem relação com o território do que chamamos de sensibilidade, que está revestido de mistérios. Nesse campo, entra em jogo o vazio da emoção. A impressão de que vivemos em uma sociedade anestesiada, na qual as pessoas são incapazes de sentir emoções, não é nova. Alguns já falaram em culto da emoção, em sociedade excitada, em sociedade fissurada. Buscamos, de modo ensandecido, uma emoção qualquer. Pagamos caro. Da alegria à tristeza, queremos que a religião, o sexo, a alimentação, os filmes, as drogas, os esportes radicais, tudo nos provoque algum tipo de êxtase. A emoção virou mercadoria e o que não emociona não vale a pena. Alegrias suaves e tristezas leves não interessam.

Tudo tem que ser extasiante. As mercadorias aparecem com a promessa de garantir esse êxtase. Das roupas de marca ao turismo, tudo tem que ser intenso, cinematográfico, transcendental, radical, impressionante. É o império da emoção contra a chateação; da excitação contra o tédio; da rapidez contra a calma; da festa contra a tranquilidade. A questão que está em jogo é a do esvaziamento afetivo. Se usarmos um clichê, diremos que nos tornamos cada vez mais frios, cada vez mais robotizados. Há uma verdade nisso: quer dizer que perdemos nosso calor humano, nosso calor animal, o que nos confirma como seres vivos. Ficamos cada vez mais vitimados pelo universo da "plastificidade", a plastificação como destino. O império do design se instaura aí. Da plasticidade exterior produzida no reino da aparência ao plástico que consumimos fisiologicamente no uso de uma garrafa de água, não há diferença ontológica: somos invadidos pelo plástico e nos tornamos parte dele enquanto ele se torna parte de nós.

Por fim, podemos falar de um vazio da ação. O esvaziamento da política não foi construído de uma hora para outra. Os donos do poder, fossem reis, presidentes, militares ou executivos, todos projetaram essa extirpação que é vivida pelo abandono da política. Arrancaram a política das entranhas existenciais do ser humano. O exercício do pensamento reflexivo, que dependia da linguagem e do afeto, foi cancelado. No lugar, é posto o "chip fascista" que permite repetir a prepotência e a maldade. Esse chip faz o maior sucesso e também funciona como um capital na era dos vazios. Ele ajuda a deixar de pensar no outro, na morte, na dor de viver, na complexidade da vida urbana, na falta de ética, na questão da terra e da natureza. Ele garante o vazio da ação, por meio do qual o povo — que somos todos nós — não deve pensar nem sentir politicamente, não deve participar senão para reafirmar a verdade do poder. Em uma palavra, não deve agir. A ação é uma questão de ética e de política, mas o capitalismo, ou muito mais o corporativismo capitalista, não quer a ação, por isso estimula o consumo, que é, justamente, a sua forma vazia.

Hoje, quando pensamos em nossos políticos bonecos de vodu, na economia vodu do neoliberalismo enfeitiçante que cai sobre nós todos, percebemos que se trata disso: de um enfeitiçamento produzido por um processo de esvaziamento que resulta em mais esvaziamento. Vazios, aceitamos que nos vendam pensamentos, emoções e ações prontas e artificiais. Nada é de graça, embora tudo pareça tão fácil na era do cartão de crédito. Tudo deve parecer alguma outra coisa. Estamos vivendo uma grande ficção que deve fazer tudo parecer verdade. Mas nada precisa ser de verdade.

Podemos dizer que fomos perfurados e escoados — em nossas subjetividades — em um processo social e histórico que se intensifica agora no estágio atual da democracia e do neoliberalismo. Fomos "lavados" animicamente, subjetivamente. Pensar, sentir ou agir livremente estão fora de questão porque não há nada mais por dentro, o universo interior tornou-se um grande deserto.

Shoppings, igrejas, drogas, computadores, televisores são mercado e mercadoria que nos oferecem tampões para o grande vazio, o legado do capitalismo entre nós. O capitalismo é vivido em termos subjetivos como evasão, como escoamento de si, como furo por onde escorre qualquer angústia produzida em seu próprio sistema. A angústia do consumo que nos faz produzir e consumir é a maior delas.

A partir disso, podemos entender o que chamamos de esteticomania, uma passagem do biopoder (o cálculo do poder sobre a vida) ao anatomopoder (o cálculo do poder sobre os corpos) no momento em que somos constrangidos e seduzidos pelo poder ao mesmo tempo que desejaríamos dele escapar.

40. Esteticomania ou a mania da imagem perfeita

O conceito da "esteticomania" surgiu à época da pesquisa para o livro *Sociedade fissurada* (em parceria com Andréa Dias),[31] no qual eu propunha a ideia de que toda fissura, o desejo absoluto por uma substância, era estética, sendo a esteticomania uma espécie de "plastificação reparadora da fissura". Certamente, eu pensava em uma adaptação do termo "toxicomania", e a comparação era direta: drogas para toxicômanos, mercadorias visuais e sensoriais para esteticômanos. A fissura, por sua vez, seria o grande buraco em que a subjetividade escoaria. Ao falar de uma subjetividade que "escoa", eu queria dizer que ela não se continha em si mesma, não se autolimitava e, portanto, não construía sua autonomia. Queria dizer de uma subjetividade que escapa, que está sempre fora de si mesma.

Isso significa que, em estado esteticomaníaco, eu mesmo não me pertenço; eu pertenço ao que me fissura, ao que me corta, me rasga, me inocula, me envenena enquanto, por meio dessa invasão, eu conquisto uma liberdade estranha, aquela em que me livro de mim. Já não sou eu mesma. Perco a necessidade de ser o que pareço. Gostaria de pensar isso nos termos de uma escravidão consentida a um mundo de imagens e sensações às quais o sujeito passa a pertencer.

Se não me pertenço, não me responsabilizo. A característica de uma sociedade esteticomaníaca é a desresponsabilização, afinal, o mundo da aparência não a requer. A exacerbação e intensificação do estético é uma fonte de alienação relativamente a si mesmo e ao todo social, ele mesmo implicado na reprodução desse modo de ser. Eu vivo de minha imagem e, se não tenho imagem, não existo. Daí o sucesso da esteticomania tal como a vemos nas redes sociais, a expressão mais radical de um narcisismo tornado mercadoria. Não quero dizer que as redes sociais sejam só isso, mas que essa dimensão tem sido um dos seus maiores sucessos. Ao falarmos de estética, estamos sempre nos referindo a algo mais que poética, beleza, tragédia ou comédia.

Em nossa época, não podemos falar de estética pensando apenas na disciplina criada por Baumgarten na Alemanha do século XIX.[32] Tampouco se pode pensar em estética em um nível vulgar quando confundi-la com o reino das aparências resolveria qualquer problema teórico, acadêmico ou popular. O lugar do registro estético se torna estratégico quando pensamos em termos de "questão estética". Isso quer dizer que não podemos, hoje, falar de estética sem pensá-la conjuntamente a uma questão política, enquanto sabemos, ao mesmo tempo, que a questão política se torna dialeticamente uma questão estética. Em termos muito simples, podemos dizer que não é possível pensar a estética hoje sem remeter à questão da indústria cultural, ou seja, da transformação dos bens e objetos artísticos — ou ligados à percepção, à sensação, à sensibilidade e ao corpo — em mercadorias. Em tempos em que a própria política se transforma em mercadoria, em que a política é devorada pela economia, vemos a destruição da política. Não nos damos conta que isso se deve a uma estética tornada econômica, a uma economia que manipula a política esteticamente. Por que os bens culturais, e as sensações e percepções nele implicadas, não se transformam em políticas no sentido de produzirem emancipação das pessoas?

Nessa linha é que podemos falar de uma *esteticomania*, de uma sociedade *esteticomaníaca*. Uma sociedade em que todos os registros — seja o político, seja o ético, seja o religioso, seja o social — são modificados esteticamente. Toda experiência tem um nível estético. Ele se refere ao âmbito mais imediato da sensação corporal. Mas essa sensação corporal tornou-se uma mercadoria no tempo daquilo que Christoph Türcke chamou de "sociedade excitada" e que Guy Debord, há mais de quarenta anos, tinha chamado de "sociedade do espetáculo". Hoje, seria necessário estudar o fetiche, o modo como somos enfeitiçados pelas mercadorias. A mercadoria é experimentada como drogadição. O consumismo, em suas diversas formas, é econômico, mas também estético em seu duplo sentido: ele atua material e simbolicamente sobre a sensação. Um estudo dos efeitos do consumismo como aspecto da dominação constitutiva da mercadoria se torna urgente entre nós. A esteticomania capitalista é um regime de efeitos, do que se causa no outro. Performatividade vazia e que, no entanto, devora tudo e todos. Mania de imagem como mania da aparência, de "superfície", de sensações, mania no sentido amplo da loucura, de gesto repetitivo e compulsivo. É nesse sentido que o âmbito da estética tem muito a nos ensinar. Se podemos tratar as artes em termos disciplinares, a estética é a área que se ocupa em pensar as artes. Toda teoria da arte tem bases estéticas no que se refere aos campos da reflexão filosófica e da história e seus entrelaçamentos. A configuração das artes em termos disciplinares refere-se a campos. Se, hoje em dia, fala-se de artes cênicas, não mais apenas de teatro e dança, mas também de performance, se falamos de artes visuais, e não apenas de escultura e pintura, é também porque os limites entre as disciplinas estão cada vez menos produtivos. A especialização mostrou que os limites se tornaram limitações e limitadores. A ultrapassagem de barreiras formais combina com aspectos próprios às artes, a expressão não regulamentada, a criatividade como recriação de linguagem. Do mesmo modo, podemos dizer que as barreiras entre o estético, o ético, o político e o econômico não passam de ficções. As questões estéticas são questões que atingem a todos.

O que muitos chamam de "culto ao corpo", que chega ao ridículo, é, muito antes, um escamoteado sacrifício do corpo. O culto nasce de um sacrifício organizado quando o corpo tornado objeto é submetido à máquina. A ideia de um corpo submetido a uma sentença de morte que ele mesmo desconhece já estava à mostra no conhecido conto *Na colônia penal*, de Kafka.[33] Uma versão profana daquela estranha máquina de escrever sobre o corpo que era também máquina de tortura está hoje na academia e na fábrica onde operários continuam ignorantes da verdade que se lhes imprime no corpo. Mais difícil é perceber que o aparelho fotográfico ou a filmadora diante da qual os corpos exercitam o estranho "valor de exposição", ao qual se referia Walter Benjamin, também realizam aquela forma de violência à qual corpos dóceis se submetem sem reclamar. O sacrifício que nos interessa entender no tempo do valor da imagem espetacular surge como negação do corpo por uma espécie de superação do corpo em imagem. O próprio corpo vivo submete-se não apenas à máquina, mas a uma máquina que faz dele imagem. Essa conversão em imagem é a lógica do espetáculo. Ela implica uma lei em que ser fantasma de si é o resultado inevitável. Lei do não ser, que explica a relação entre os indivíduos humanos e o Deus Capital que só pode ser cultuado na forma de imagem. Fica claro que, na religião do espetáculo, o culto ao corpo não cultua exatamente o corpo.

Reduzido à ponte para o Deus Capital, o corpo que não pode se converter em seu suporte é sumariamente descartado e morto. Sob os "marombados" objetos de culto, um processo de encarceramento é obscurecido: cada coisa é colocada em seu devido lugar na religião do Deus Capital, na qual o corpo também tem a sua vez como a morte que chega para cada um. Assim com o Cristo na cruz, com a mulher na pornografia, o pobre, o negro no gueto, o adolescente na escola. Antes, o judeu e a histérica, hoje o palestino e a "gostosa". Porque, reduzidos a corpos, cada macaco no seu galho, cada um no seu campo de concentração, pode-se exterminá-los mais facilmente. Mas esse posicionamento que se dá apenas no esforço da violência só pode acontecer porque cada uma antes fora feito também imagem, ou seja, representação de algo sacrificável como se um bode expiatório.

Isso vem colocar em cena uma armadilha que recai sobre todos os indivíduos que creem que, não sendo valorizados em sua imagem, não terão lugar neste mundo. Cada um, à sua maneira, ao ser transformado em imagem, participa do grande ritual de redução ao corpo. O corpo é o que é colocado no lugar de baixo, sob a imagem, suportando-a, mas apenas enquanto pode ser morto.

Mas o que assegura esse tipo de sistema em que se vive um sacrifício do corpo concomitantemente à servidão à imagem? Um filósofo como Flusser nos dirá que estamos submetidos a aparelhos e programas em cujo fundo jazem teorias científicas desconhecidas de seus usuários. Não é apenas a servidão à imagem o que está em jogo, mas a servidão ao programa.

O programa de edição de imagens chamado Adobe Photoshop tem a correção como sua função mais comum. Cartesianamente, tudo o que é errado no corpo pode ser corrigido na imagem. A novidade de nosso tempo é um vasto programa estético do qual o Photoshop é a tecnologia mais fascinante. Ela é litúrgica, pois nos promete a chance de alcançar a Imagem Correta desejada em toda Idolatria. Um feito teológico ao alcance de todos, já que o Deus Capital não tem erros.

Esteticomania é como podemos chamar esta mania de correção do corpo pela imagem que faz do corpo algo reduzido sob — e que serve à — a imagem. Necessariamente, corpos aparecem no mundo na forma de imagens, mas a imagem ser uma medida de correção do corpo demonstra o fato de que, hoje, nos contentamos em ser não mais que espectros.

41. O corpo entre a estética e a política: pela construção da sensibilidade como categoria política

Se hoje falamos da necessária aproximação entre *Ética e Estética*,[34] é em nome da crítica e da construção mútua do campo da ação humana e da análise da sensibilidade. Precisamos reavivar a pertinência desse encontro se quisermos programar uma ética e uma estética consistentes, diante da morte e da destruição a que estamos lançados como humanidade, como cultura, como país. Se a filosofia pode ser uma prática da vida, é por refazer, pela consciência, o laço crítico e analítico entre o que fazemos e o modo como representamos o mundo e o sentimos.

A estética hoje é muitas vezes confundida com a cosmética. Até Kant, ela era entendida como percepção confusa da razão ou mera receptividade imediata dos objetos, mera teoria das sensações. Kant, dividindo águas históricas, tentou reunir as margens opostas da razão e da sensibilidade. Acabou por lançar, pela exclusão, uma nova ilha no mar da sensibilidade: o nojo em relação ao qual os elevados sentidos da visão e da audição nada podiam. Podemos promover hoje, a partir de uma análise da repulsa enquanto antissentimento — ou sentimento negativo —, uma teoria do antiestético como desafio da arte e da educação estética do sujeito humano. Esse seria também um sentimento político.

O sentimento de repulsa é o que está na base de nossa indignação moral — que é apenas a pré-história da ação ética — e também o que nos faz evitar a ação. A arte contemporânea trouxe à tona o nojo e o abjeto, invalidando a teoria kantiana. Hoje, falar desse abjeto é falar do corpo que morre, o corpo do feio, do louco, do pobre, do enfermo, o corpo que tantas vezes nos assusta mesmo quando é o nosso próprio corpo.

Se a Estética existe é sob o dever de devolver o corpo ao corpo, salvando-o de toda forma de dominação: seja a capitalista, a religiosa, a sexual, a política. Ela é idêntica a uma ética que devolva a vida a si mesma, que a salve das tramas do biopoder.

Isso implica rever o significado ético e político da Estética. É a discussão sobre biopolítica que melhor posiciona o seu sentido. O "cálculo que o poder faz sobre a vida", do qual falou Foucault em sua *História da sexualidade*,[35] inaugura uma discussão que acende a lucidez do pensamento filosófico nas últimas décadas. Entre conceito e corpo, os artistas atuais envolvem-se com o limite e a potência da própria arte, sinalizam que a estética é a área da teoria como prática que pode nos dar lucidez sobre a fissura entre o que fazemos, o que pensamos e o que sentimos. Tal é a urgência de uma educação estética: ela seria uma educação política.

A função da Estética é hoje a de sustentar uma sensibilidade que ampare o corpo. Que acabe com a anestesia social que o sepulta. O corpo? Essa figura sobre a qual pairam escombros de ignorância histórica. Poucos se dão conta que ao dizer "corpo" diz-se condição de possibilidade de toda a existência e de toda experiência. O corpo é algo de material-transcendental: o que somos como matéria e símbolo, como brutalidade da vida e, ao mesmo tempo, sua sutileza. Esquecê-lo é deixar de lado sua verdade inteira revelada sempre apenas nele mesmo: o corpo é *memento mori* experimentado a cada instante.

O corpo é objeto tanto da estética quanto da biopolítica. O cálculo sobre a vida mencionado em Foucault se exerce sobre o corpo como permissão de expansão ou decisão sobre limites, vida e morte. É também o que Walter Benjamin chamou "mera vida", o corpo nu, despojado de voz, história e cultura, que possa inscrevê-lo no campo político, onde está em jogo o direito, a lei e o poder.

Corpo é o que pode morrer e viver. Biopoder é a decisão que, de fora do corpo, agindo sobre ele, eviscera-lhe a autonomia própria e constitutiva num gesto sempre simbólica ou fisicamente violento. O poder depende dessa soberania roubada. Como o torturador se faz poderoso sobre o torturado; o homem sobre a mulher; o senhor sobre o escravo; o animal humano sobre o animal não humano.

A lógica do biopoder implica o corpo como carne que, a cada vez, sobre a balança, vale em função do que com ele se pode lucrar. O capitalismo, em seu estágio mais abominável e eficiente, é também um cálculo sobre a miséria, abandono à morte sobre a qual ninguém assume responsabilidade numa sociedade democrática. Terra de ninguém da política, ferida social, a miséria é sempre pena de morte anunciada sob véus sutis de uma democracia manchada de autoritarismos diversos. Quem sabe explorar o desespero que nela surge conhece sua fertilidade em eleições.

Jó é o personagem pelo qual melhor se expressa a alegoria do biopoder como poder exercido por Deus sobre a vida e o corpo. Como diz Antonio Negri,[36] Jó é sempre um corpo mesmo quando seu discurso é metafísico. O cálculo e a aposta com vistas a um lucro são biopoder que as potências de Deus e do Diabo exerciam sobre Jó, cuja inconsciência era o terreno fértil da manipulação. Jó foi o grande sujeito do inconsciente de si mesmo e dos jogos aos quais estava submetido. Como Édipo que, inconsciente de seu destino, tornou-se vítima de seus próprios atos, Jó seria o arquétipo estruturador de nossa disposição cega ao sofrimento, da submissão à lei sem questionar sua função; da aceitação do flagelo e da dor em nome da crença de que, no fim da história, vem a salvação pela justiça de um "Deus"?

Na literatura, muitos personagens encarnam o arquétipo de Jó. Um de seus mais curiosos avatares, todavia, pertence a um gênero ainda controverso: Martha Washington, a personagem protagonista de *Liberdade*, HQ de Frank Miller, desenhada por Dave Gibbons. A narrativa é exemplar da estrutura que sustenta o biopoder: Martha é mulher, negra, e nascida dentro de um campo de concentração americano. Martha, como Jó, é uma sobrevivente, mas, diferentemente dele — na ausência de Deus e na posição mental de uma limítrofe —, ela tem raiva da injustiça que vive e, ao lutar para sobreviver, aprende a conviver com o poder segundo o seu próprio funcionamento. Se torna serva da ordem que, em princípio, desejaria negar. O que há em comum entre os personagens é o corpo que sobrevive ao sofrimento confiando em seu algoz. Ambos, seja de Deus, seja do governo americano, recebem suas restituições. Nenhum deles, porém, coloca a vida como mais do que uma travessia da dor em que o grande final é apenas saber-se diferente dos outros porque "sobre-vivo".

Defender a estética como categoria política implica devolver a sensibilidade ao corpo, mostrar as tramas de que é títere e, assim, libertá-lo dos algozes que o impedem seguir em seu desejo de potência.

42. O corpo abjeto

A história do corpo começa com os motivos de sua abjeção e segue com a assepsia gradativa na qual procedimentos tecnológicos e plásticos garantem uma espécie de superação do corpo. Do corpo abjeto ao corpo plástico, passando pelo corpo máquina, da experiência da finitude à sua prova maior, a morte, tudo passa pelo corpo, tudo se dá no corpo. O fato inquietante da putrefação penaliza o corpo, resto cultural não simbolizado com o qual temos que nos resolver na vida. Simbolizamos tudo, mas não suficientemente o corpo, que escapa em última instância aos esforços de compreensão.

E, no entanto, tudo vem do corpo. Fonte, portanto, das mais complexas inquietações. Prova da morte, fato da vida, o corpo é alguma coisa que seria melhor não possuir. Em termos diretos, por seu peso, melhor seria não ser, não existir.

Diante do corpo abjeto em si, as tecnologias apresentam-se a salvação teológica. O novo ser da cultura descorporificada e desencarnada, não mais em nome de uma alma que pudesse nos fazer transcender, e sim em nome do plástico, nossa mais nova metafísica, que, nos livrando da carne, torna-se a nova matéria de que somos feitos.

As tecnologias substituem o corpo justamente onde ele deixa de ser útil e se torna um problema, um resto. Se hoje a condição ciborgue é cada vez mais comum — quando somos de algum modo implantados, transplantados, usuários de próteses corporais as mais diversas, à medida que somos siliconizados, plastificados, no limite, contra a morte —, nada impede que, no futuro, venhamos a nos tornar robôs. Se a alma não era mais do que o nome para a nossa função simbolizante, uma função da linguagem, nada impede que ela seja transformada em "chip" e que, no futuro, possamos defini-la como um mínimo de informações referentes às nossas identidades (DNA, gostos, preferências e padrões estéticos e de comportamento no contexto de projetos de eugenia liberal).

Se na Antiguidade a alma foi o centro de um dispositivo do poder que servia para tirar o corpo fora, e na modernidade foi o sexo que assumiu esse lugar, sendo posto como mistério que tornava o corpo fora de questão diante de um sexo a ser buscado metafisicamente, em nossa época, renovam-se tais núcleos em torno do dispositivo de todos os dispositivos, que é o da linguagem. Vivemos na época da exposição radical dos quatro braços tentaculares que produzem a ontologia de nossa cultura, nosso modo de ser: se falamos em sociedade administrada (Adorno e Horkheimer), o núcleo do dispositivo é a racionalidade burocrática; se pensamos em sociedade do espetáculo (Debord), temos que o núcleo do dispositivo é a imagem; se falamos em sociedade do conhecimento (Negroponte), vemos que seu núcleo é a informação; se falamos em uma sociedade excitada (Türcke), então nos referimos ao lugar essencial das sensações em nossa cultura. Todas essas fórmulas mostram os arranjos do poder por meio da linguagem — e dos meios que administram a linguagem — em relação ao corpo, que se torna o suporte negado e humilhado quando perde sua utilidade. O lugar das máquinas, dos instrumentos e dos aparelhos técnicos está assegurado. Des-lugar do corpo, em sentido distópico e não utópico.

A moldagem dos corpos, que definem plasticidades, que funcionam nos medindo e definindo em termos de um grande consenso visual orquestrado, é um novo modo de morrer sem que a morte esteja presente. Sísifos tecnológicos, carregamos a pedra que vai cair sobre nossos corpos mesmo quando não se puder mais falar neles. Para trás, fica algo antigo como o corpo que ainda remete à morte sem a qual, está provado, não existe vida.

43. Esteticamente correto

A pobreza da experiência cultural contemporânea agrega dois grupos pseudopolíticos: os "politicamente corretos", que Nietzsche, no século XIX, chamaria de "sacerdotes da moral", e seus críticos, sempre autoelogiados como "politicamente incorretos", que seriam hoje "sacerdotes do imoral", servos daquela moral, só que sob o disfarce da inversão. O "sadismozinho" diário dos politicamente incorretos esconde o desejo de uma crueldade socialmente inviável. A maldadezinha do cotidiano faz mal às suas vítimas, mas é autorizada ao agente, desde que ele saiba manter as aparências de que tem toda a razão e não é tão mau assim.

A manutenção das aparências como verdadeira força que mantém as condições da dominação é o que podemos chamar pela expressão "esteticamente correto". Enceguecidos pela cultura do espetáculo, não vemos justamente o "evidente". A correção estética é a expressão da racionalidade técnica da dominação. Como já vimos, exemplos abundam, dos modos de vestir às academias de ginástica.

O esteticamente correto foi bem apresentado em um filme chamado *O homem ao lado* (Gastón Duprat e Mariano Cohn, 2009). Como na vida, o personagem principal do filme é um respeitado designer internacional que mora na única casa desenhada por Le Corbusier em todas as Américas. A casa é impecável e dentro dela se desenvolve uma vida moralmente bem comportada, o que se vê no modo como o designer e a esposa tratam a faxineira com respeito atencioso. Dos móveis domésticos aos objetos, da roupa que vestem à música que ouvem, tudo está esteticamente correto. O designer tem uma vida tão correta que chega a ser professor universitário, o que vem coroar o personagem com a aura do intelectual que é também, digamos, "epistemologicamente correto".

Tudo se passa na mais simples normalidade, até que um vizinho bronco resolve abrir um buraco em uma parede contígua à casa para servir de janela. O caráter ilegal de seu ato se relaciona intimamente ao caráter "esteticamente incorreto" da ação. E dele mesmo. Esse antagonista tem um "estilo" visual fora do padrão culto expresso também em seu senso de humor, em seu jeito de ser e falar. Os regimes de comportamento ético e estético de cada personagem expressam-se em tensão. O desenvolvimento da trama nos legará um desfecho estarrecedor, pois que esperamos de quem tem estilo que tenha uma prática que combine com ele. O filme mostra que julgamos pelas aparências e quase sempre nos enganamos redondamente, não porque as aparências enganem, mas porque não olhamos com cuidado.

A beleza e o bom gosto definem o padrão do "esteticamente correto" enquanto medida a partir da qual tudo é relativo no mundo da aparência. E como a esfera da aparência é decisiva em uma sociedade espetacular, aquela em que as relações são mediadas por imagens, o poder se exerce ali silenciosamente definindo quem é bonito e quem não é. A ditadura da beleza se impõe em nosso mundo sobre quem é constantemente reduzido a seu corpo. É o caso de mulheres de todas as idades. Por isso, o homem branco e rico pode ser barrigudo, careca e velho (para brincar com um estereótipo). Ninguém ousa taxá-lo de feio, pois sua feiura não está em jogo: ele está na origem da lei que rege o gosto como padrão no qual encaixar os outros. A preferência por inserir-se no gosto em vez de questioná-lo explica a voluntária escravidão estética destes tempos.

44. O plástico essencial — sobre o devir--silicone do corpo e a vida artificial

Em sua *Ode triunfal*, Álvaro de Campos, heterônimo modernista de Fernando Pessoa, faz um elogio maravilhado da "beleza disto totalmente desconhecida dos antigos". No clima de êxtase com o progresso, o poeta se referia à beleza das máquinas: "motores", "guindastes", "luzes elétricas", "correias de transmissão", "rodas dentadas", "chumaceiras", "engenhos", "calor mecânico", "electricidade". Antecipando em seu êxtase os prazeres da interação do seu próprio corpo com esse universo, o poeta expressava a beleza dos "maquinismos em fúria" por meio de nexos entre a terminologia própria do mundo das máquinas e termos corporais e sexuais.

A *Ode triunfal* fez sentido em um tempo analógico, quando as máquinas e o corpo humano viviam em tensão. O corpo ainda estava presente nesse erotomaquinismo ou tecnoerotismo, mas foi descartado em nossa época virtual-digital. Em seu lugar, o plástico surgiu como nova materialidade capaz de substituí-lo. Materialidade artificial que se torna universal no tempo e no espaço, o plástico é, em um sentido ontológico, a substância de nossa época. Se um dia era o homem-máquina, hoje é o homem-plástico.

A desproporção ontológica com as máquinas perdeu-se de vista, porque nossos corpos tornaram-se íntimos do plástico. Mimetizam-no. Fora de nós, há o plástico na forma das coisas, como dentro de nós, na forma de cirurgias, implantes, próteses. Nossa carne é moldada nas academias como se fosse de plástico. Nossa pele deve ser lisa como ele. Materialidade morta, o plástico usurpa o lugar da natureza perecível e promete o imperecível.

Nascido em laboratório, o plástico serve a produção de todos os aparatos de nossa época. Aparelhos como máquinas de fotografar, televisores, celulares são feitos de materiais plásticos. Utensílios domésticos, roupas, carros, tudo está cheio de plásticos. O plástico não é apenas matéria, mas a nova *arché*, o fundamento e o princípio que reorganiza a condição da materialidade — as coisas que usamos, o mundo que nos cerca — na direção de uma contraditória vida artificial.

Nossas emoções, compreensões e ações modificam-se no confronto com o vasto universo da materialidade, cuja história está por ser escrita. Ela precisa incluir o plástico e sua pré-história.

De certo modo, todo o desejo é plástico, todo desejo é desejo de completude. Podemos falar de um desejo de plástico como desejo falso. Mas, em nossa época, conhecemos o desejo pelo plástico que nos completa artificialmente. Nesse caso, não falamos do desejo enquanto busca de prótese como metáfora da completude inalcançável, mas literalmente como o que se tem à mão como um prazer imediato, nada tenso com a desproporção com as máquinas.

Perna mecânica, olho de vidro, peito de silicone têm estatuto semelhante ao da tela, da máquina de fotografar, do computador portátil, do aparelho celular. Próteses físicas, afetivas, cognitivas que nem sempre nos servem, mas as quais servimos. O corpo torna-se sobra ao seu redor, numa curiosa inversão metafísica: de substância, no sentido aristotélico do termo, o corpo se tornou "acidente". Rapidamente substituído no tempo do culto ao plástico, submetido ao gozo da completude de plástico, o corpo descobre que o "devir-silicone" é o destino.

Siliconados, plastificados, aparelhados, somos felizes portadores de próteses. O telefone celular, concentrado de tantos aparelhos, é a prótese de todas as próteses. Ao alcance das mãos do fetichista hipererotizado é o gozo certo: ele o porta, ele o exibe, ele o toca, ele goza. Falo universal, ele é o novo "dildo".[37] Plástico essencial que combina com a vida artificial.

45. Vida ornamental — o lado estético do poder

Que nosso tempo seja excessivamente "estético" quer dizer que vivemos envergonhados do que somos, do que pensamos e do que fazemos. A vergonha e o medo são afetos cultivados no cenário do capitalismo, que exige de todos um jeito de pensar e viver de acordo com o valor do "sempre o mesmo". As aparências, sempre prontas a enterrar as contradições sociais, valem tudo. E cada um imita o rico, a estrela ou o popstar, com seus recursos: roupas de grife ou do camelô; todos servem ao império do fingimento, quando não do ridículo. Nesse mundo estético, é preciso fingir o que não se é. Do dinheiro que não se tem à inexistência de utopias. Ser em sentido próprio está proibido, ter é o verbo do momento, como muita gente já notou.

Finge-se, por exemplo, a derrota do espírito humano pela perversão do capital. Finge-se que não há mais futuro, que não há mais política ou ética possível. Nem sonho ou projeto humano que possa renovar o sentido da vida em sociedade. Finge-se que não pode haver sentido. Que não pode haver esperança. A questão mais grave do existir, do pertencer à esfera do mundo, de estar e ser enquanto se faz a experiência do absurdo são reduzidas há décadas ao "papo cabeça". Quando Albert Camus tratou do suicídio como questão filosófica essencial, referia-se à questão trágica do sentido que o jogo sujo da imbecilização planetária já não permite colocar em cena. A questão foi abandonada em nome de aparências: parecer aquilo que não se é tornou-se o cerne de um acordo de idiotas dessubjetivados, que raramente encontram um jeito de descongestionar o espírito. Tanto faz, nesse contexto no qual se é convidado diariamente ao consenso da imbecilização, parecer "feliz" ou "deprimido". A sociedade da aparência demanda o que o mercado define como certo.

Desde que Foucault inaugurou o conceito de biopoder para referir-se ao "cálculo" que o poder faz sobre a vida, a questão do sentido da vida assumiu um novo contorno político e se tornou ainda mais grave. Junto do biopoder, Foucault falou em anatomopoder. Enquanto o primeiro incidia sobre a vida das populações (calculando do preço do pão ao sistema de saúde), este último referia-se à vida do corpo individual (o controle do padrão corporal que une mídia e medicina estética).

Decidir pessoalmente sobre a própria vida é a ilusão vendida a cada dia para a manutenção do sistema. No jogo das aparências, cada um deve se sentir livre e autêntico. A vida da aparência depende de que não se saiba de seu caráter de aparência, da vida conforme o padrão estético.

A essa forma de vida para a qual o tema do sentido soa como estorvo podemos chamar de vida ornamental. Trata-se da vida reduzida à pura estética. O intelectual ornamental que fala por vaidade; o pai e a mãe ornamentais que têm filhos para enfeitar a casa; o sistema de ensino ornamental que constitui o teatro da educação; o político ornamental que finge amar o povo; homens e mulheres que pagam para parecer jovens eternos são exemplos da vida expressa como máscara em uma sociedade ornamental. Ornamento é, pois, o nome estético do "poder". E do poder enquanto ele é morte, ação contra a existência. Não é à toa que Hitler tenha sido um fanático pelo biótipo do ariano e que sejamos tão vendidos à ideia de beleza.

46. Concurso de beleza: a estética do vencedor e do vencido

A vida se transformou em um imenso concurso de beleza. A lógica do velho concurso de miss estendeu-se a todos os setores da vida. Não é estranho que as misses tenham voltado a chamar a atenção pública no tempo das modelos. Na lógica do concurso de beleza, a miss vencedora sempre é tratada como deusa, e a derrotada paga o resto da vida por não ser suficientemente bonita no método de comparação. Comparabilidade é fungibilidade: tudo o que pode ser comparado submete-se ao paradigma da troca universal. Tudo o que é trocado é vendável e comprável. A vida é reduzida à mercadoria já faz tempo, e a lógica do concurso de beleza não faz mais do que coroá-la.

Cada um é mercadoria e será vencedor ou vencido, como quer o neoliberalismo desde Hayek. A lógica do concurso de beleza implica um "mais bonito" em um contexto de mercado que invade todos os setores. A vitória do mais bonito é a do padrão. Funcionários de supermercados, de postos de gasolina, de lojas e de bancos tem seus rostos expostos em fotografias como funcionários da semana ou do mês. Professores são tratados do mesmo modo, como se uns fossem melhores do que outros a partir dos índices de produtividade. Escritores disputam prêmios porque é preciso ficar "bem na foto" do mercado editorial, que regula o que pode ou não ser escrito segundo o potencial de venda. Cinema, artes visuais, até teses e dissertações, tudo merece um prêmio. E o prêmio será do "melhor", que é apenas a versão moral ou econômica do "mais bonito". A disputa de beleza é conhecida em qualquer instituição. Nas universidades, o currículo Lattes é mais do que uma formalização: acumulador digital do capital intelectual serve a alguns como objeto ostentatório. Na disputa pela beleza, os perdedores são os *Feios, sujos e malvados*, para usar o título do filme de Ettore Scola (aliás, vencedor do prêmio de melhor direção no Festival de Cannes em 1976), que sobram, como excluídos.

Antigamente se falava em "funcionário padrão". Padrão é uma palavra que se autodenuncia e, por isso, foi substituída por outra mais amena: "destaque." O sistema econômico e social privilegia e fomenta o destaque, enquanto ele serve também para "humanizar" o padrão. A expressão "funcionário destaque" aponta para algum mérito próprio, mas, ao mesmo tempo, escamoteia a lógica do concurso de beleza. Já a expressão "funcionário padrão" não soa mais tão interessante porque o termo "padrão" revelaria apenas alguém que se encaixa em alguma coisa, que vive a obediência sem inovação. Inovação é outro termo curioso se lembramos que se refere à criatividade pessoal tratada agora como algo que faz parte do padrão exigido para a venda pessoal. O padrão, para poder vingar, não pode mostrar a sua verdadeira face. Ele precisa do destaque como máscara perfeita, o que torna sua lógica menos pavorosa.

Assim como a bondade e a verdade, a beleza é um ideal, mas também parte da tríade metafísica que orienta nosso modo de ver o mundo. A beleza é um paradigma, um lastro, um valor. Ela também pertence a uma economia política. Seria o caso de voltar a falar da beleza da verdade contra a beleza da falsidade, com a qual fazemos um pacto tão econômico quanto antipolítico. A desconstrução desse ideal — em si mesmo cruel, porque subjuga e faz sofrer todos os que nele não se encaixam — é uma tarefa crítica.

A perda da experiência em nossa época é, em grande medida, promovida pela lógica do concurso de beleza, por meio do qual se é estimulado a parecer melhor do que o outro. Assim, os "mais bonitos", os "destacados", têm um lugar ao sol. Enquanto aos outros resta, quem sabe, morrer de inveja.

Na base da lógica do concurso de beleza está a básica avareza capitalista da qual, dificilmente, nos livraremos enquanto mantivermos o pacto com o poder que nos compara como mercadorias sem favorecer o discernimento ético e político necessário à sobrevivência da espécie. O poder acumula capital: a imagem é o grande poder do nosso tempo, ao qual estamos vendidos até que sejamos capazes de renunciar a ele.

A absolutização da ideia de beleza nos leva a uma cultura decorativa na qual o grande valor é uma máscara que não necessariamente tem rosto.

47. Cultura decorativa — sobre a morte nos tempos da decoração

É preciso introduzir em filosofia o conceito de decoração. Pode parecer irônico, mas um princípio decorativo rege a cultura e a ontologia atuais, ou seja, nosso ser enquanto esse "ser" é um "modo de aparecer".

Por cultura da decoração podemos definir de modo fácil a hipervalorização da aparência no contexto da sociedade do espetáculo. Ela se confunde com a cultura fashion das passarelas e revistas de moda, com o mundo das lojas e revistas de decoração e até mesmo com o tratamento dado aos corpos plastificados e siliconizados no dia a dia.

A cultura decorativa transforma tudo em plástico, reduzindo os hábitos culturais ao ato de enfeitar. Das roupas às casas, dos carros aos móveis, as pessoas praticam a decoração como "enfeitamento", como ornamentação. Trata-se, no caso da decoração, de uma cultura cosmética na qual a camuflagem é a regra: se esconde dos cabelos brancos à mancha no sofá; das rugas à toalha encardida; da barriguinha ao vermelho na conta bancária. Na cultura da decoração, a tapeação e a camuflagem são regras. O padrão do gosto do "novo-rico", que precisa mais que ser rico, parecer rico, é a sua expressão maior. Não basta comprar, é preciso deixar claro que se tem capital para consumir: roupas de marca, joias, bolsas, carros, viagens à Disney e até "obras de arte". Daí o sucesso, entre certas "classes culturais", das artes decorativas, tais como as conhecidas estamparias de Romero Britto.

Ora, o princípio decorativo tem relação com tudo isso. Ele diz respeito ao elemento acobertador elevado à verdade cultural. Quem leu a obra *A morte de Ivan Ilitch*,[38] de Tolstoi, sabe, contudo, de um perigo maior presente no princípio decorativo. Naquele livro, Ivan Ilitch é um juiz, um cidadão comum com poucas ocupações na vida: a casa e a carreira. Seu interesse era não apenas manter, com a família e os colegas, as aparências, mas verdadeiramente viver na aparência. Tolstoi denuncia o tipo burguês alienado socialmente, preso à imediatez dos móveis, dos papéis de parede, das almofadas e poltronas da sala, e incapaz de qualquer relação que transcenda seu pequeno mundo arrumadinho.

Sabemos que Ivan Ilitch morre de uma doença que permanece oculta em seu corpo, uma doença associada a uma queda enquanto praticava um de seus domésticos atos decorativos. A doença é a morte oculta em seu corpo, essa morte bem gestada sob as práticas da aparência. Assim é que o princípio decorativo aparece ali, não como o que está fora, mas o que está dentro da pessoa, ocupando o lugar da subjetividade. É essa doença que vai matar Ivan, mas justamente porque Ivan, ao viver no princípio decorativo, perdeu a relação com a morte. Ele não sabe o que lhe aconteceu. O princípio decorativo age nele, escondendo que não há morte.

O princípio decorativo nos obriga a esconder uns dos outros que estamos todos mentindo. Mentindo que, na era da vida de plástico, a vida segundo a lógica decorativa, não iremos morrer. Estamos mortos em vida desde que perdemos a relação com o caráter finito da vida. Perdemos a nossa morte.

O princípio decorativo, aparentemente estético, mas fundamentalmente ético e político, define que não há mais ética nem política, porque há muito tempo tudo é apenas "estética". Em termos bem simples, mentimos uns para os outros que ainda estamos vivos. Como Ivan Ilitch, apegamo-nos às aparências, à casa bonita e a uma carreira útil, ou seja, à vida dedicada à sobrevivência na decoração, a mera vida como mera plástica.

Tudo indica que viver não é preciso, basta parecer que se vive. Como fantasmas, na era da estética total, fazemos "tipo", tipo de vivos. A morte de Ivan Ilitch, sua grande solidão, contudo, espera por cada um de nós.

48. Valesca Popozuda — sobre o reinado do fake autêntico e a ridicularização do bom gosto

Mas nem tudo é podre no reino do plástico industrial cultural. No seu próprio meio, sua crítica mais evidente aparece.

Não será possível entender o fenômeno Valesca Popozuda, nossa Madonna tupiniquim, um dos mais curiosos da indústria cultural brasileira contemporânea, sem perceber a função que um ídolo tem em seu tempo, enquanto é capaz de escancarar aquilo que é proibido de se perceber em seu próprio tempo. Carmen Miranda, Elis Regina, Ayrton Senna — para falar de personagens reais de nossa cultura —, todos tiveram um lugar importante em seu tempo. Todos simbolizaram algo essencial para quem os amava ou odiava.

O ditado popular que reza que "cada povo tem o político que merece" é verdadeiro se pensarmos na identificação que leva à eleição de um político. O correspondente no campo estético, "cada povo tem o ídolo que merece", explica a relação de espelhamento que as massas, que criam o ídolo, têm com ele. No desfile dos ídolos, Valesca Popozuda é candidata ao topo de qualquer *podium*. Nenhuma das divas da indústria cultural tem o poder de Valesca, embora — pelo menos por enquanto — as outras (Sangalo, Claudia Leitte etc.) tenham rendido bem mais do que ela em termos financeiros. O poder de Valesca Popozuda vai além. É o poder do que podemos chamar de hiperidentificação. Transitando entre ricos e pobres, exótica e engraçada para uns, ousada e livre para outros, Valesca agrada à grande maioria. Bem cuidada como negócio, ela deve crescer tanto quanto suas impressionantes pernas provavelmente siliconadas.

A única diva com a qual Valesca é realmente comparável é Xuxa. Xuxa é sua única antecessora, da qual ela é, olhando bem, a única herdeira de porte. No convite ao sexo e ao consumismo característico de todas essas divas, as representações da indústria da cultura, Xuxa foi a personagem que entrou na história representando a sexualidade e o consumismo infantil que, por sua vez, talvez tenha até ajudado a infantilizar os adultos das novas gerações. Mas digamos que Xuxa foi ultrapassada. O biotipo excessivamente branco de Xuxa contrasta com a característica geral de um país tão miscigenado como é o Brasil. Seria interessante investigar o peso simbólico de sua figura branca e sensual, já que seu valor econômico no mercado do espetáculo é fácil de imaginar. O mercado das imagens é racista. Vende cores de pele, tipos de cabelo e todo tipo de preconceito e discriminação por meio de padrões pré-constituídos. A imagem da branca puritana e infantil é usada até hoje por várias das herdeiras úteis desse processo.[39] Com Valesca, de certo modo, parece acontecer o contrário. Ela é parda e mora na favela, embora pinte o cabelo de loiro como grande parte das mulheres brasileiras. Já não faz parte desse mito branco. Sua sexualidade também não se esconde atrás de uma infantilidade esteticamente forjada. Por mais que se possa, em qualquer contexto, considerar a sexualidade como uma armadilha do mercado, Valesca a promete de modo livre.

Estamos falando de épocas, de demandas e programas culturais e de artimanhas da indústria cultural e do mercado da imagem, e não do mérito ou demérito que pudesse ser praticado por pessoas concretas que aqui são citadas apenas como personagens.

Nessa linha, é claro que não podemos esquecer que há pessoas que costumam julgar moralmente outras a partir de padrões de gosto e que talvez antipatizem com a figura de Valesca Popozuda aplicando a ela esquemas morais e não uma análise estética. Alguns poderão dizer que, além de rainha do funk, ela é a rainha do mau gosto. Mas o que para muitos é mero mau gosto, demonstrado fartamente no clipe de "Beijinho no ombro", é o que ela tem de melhor. No cenário da "Popozuda", tudo que é falso parece verdadeiro ao mesmo tempo em que denuncia a falsidade. A mensagem de Valesca é o fake autêntico. Mesmo que ela não aja com consciência nessa realização, o que Valesca faz é um deboche por inversão. Tudo o que parece fino e elegante, os tecidos, os materiais caros, o figurino de luxo, ela os transforma em "coisa de pobre". Transfigura esses materiais, ironiza a estética burguesa e parece se divertir com isso. O resultado em termos estéticos é dos melhores.

Ela ridiculariza o bom gosto. O que era luxo vira lixo. O que há de importante no luxo senão a enganação que a tantos agrada? É assim que Valesca Popozuda, Robin Hood estético, rouba simbolicamente dos ricos para dar aos pobres. Agradando os excluídos do gosto ela conquista corações e mentes. Valesca engana e agrada, mas não mente que engana. Talvez ela mesma não saiba o quanto é sincera ao ser declaradamente fake. A sinceridade dessa falsidade pode incomodar sacerdotes do bom gosto, mas, para sorte dos "popofãs", ela não está nem aí com isso.

Talvez Valesca não saiba que é realmente a deusa de um mundo de plástico, cabelos tingidos e silicone. Suas pernas e glúteos são lenda urbana no cenário do funk ostentação. Para alguns funkeiros, a "ostentação" é uma vitória porque pensam ter conquistado algo do mundo capitalista, um luxo aqui, um lixo acolá. Conquistaram certamente o autoengano, que é só o que o capitalismo pode oferecer. Outros funkeiros, mais espertos, exercitam o deboche, mostram as armadilhas do capital e não sua aceitação. Mostram o ridículo de uma sociedade cafona como a do gosto burguês. Valesca Popozuda é a denúncia, o espelho e o flerte mais radical com a atual verdade brasileira.

49. Histeria natalina

Por sua vez, a falsidade brasileira poderia ser representada por vários personagens. No entanto, ainda que haja personagens exemplares, há uma cena que em tudo é falso e concorre, com larga vantagem, como a mais impressionante das cenas ridículas, a mais populista das cenas populares e, sem dúvida, a mais capitalista.

Quem tem a impressão de que o Natal de nossa época corrompe o próprio Natal está sendo ingênuo. Quem pensa que o Natal não poderia ser sinônimo de consumismo não percebeu que se trata justamente disso. O que muitos ainda chamam de "espírito natalino" relaciona-se diretamente com a esperança de um tempo de paz e amor. Mas isso tem um sentido altamente capitalista hoje em dia. Em uma sociedade na qual todos estão em guerra — e muitos tomados pelo ódio —, podemos falar apenas em trégua. O Natal e seu espírito viraram a esperança de uma trégua capitalista no seio do próprio capitalismo, mas apenas porque ele está sendo bem alimentado pelo gesto consumista.

Uma trégua que nos permite encenar que ainda, e de algum modo, "amamos uns aos outros". A trégua que importa é garantida pela festinha em família ou no trabalho na qual o "amigo oculto" ameniza os efeitos de um consumismo que, no extremo, tornou-se impossível. Ninguém consegue comprar tudo o que sente que devia, e a culpa por desobedecer à regra do jogo consumista não deixa a consciência em paz até que aquele presente do amigo — que de amigo não tem nada — permita abstrair da mentira e, ao mesmo tempo, encenar o jogo que deixa a todos contentes de que ainda são capazes de brincar. Na sociedade infantilizada, saber brincar é essencial para a boa convivência. Quem não quer brincar mais não será visto senão como um grande chato que esqueceu o espírito natalino e, por isso mesmo, não vai às compras.

Quem critica o Natal consumista pode ser criticado por ir contra o espírito natalino em sua fase cínica, espírito em nome do qual a festa verdadeiramente vale a pena para a maioria: ela tem o sentido das compras e vendas. A mansidão em relação a essa festa capitalista é exigida de todos e cria um espírito de crença Ninguém acredita que alguns podem sair a roubar e matar na época do Natal sem sentirem-se culpados, assim como não se acredita que alguns possam não querer dar nem receber presentes. Os contentes com o espírito natalino recebem a denúncia mais como um problema psicológico do que crítico — esse mal-humorado que não sabe entrar na festa e enuncia a todo momento o "não brinco mais" — do que do objeto criticado. O crítico, para quem pensa que o Natal é apenas uma festa cristã, é tratado como anticristão, o equivalente ao desmancha-prazeres. Como o ateu no sistema religioso, alguém que não sabe brincar de crer em Deus e acaba de mau humor com a festa alheia.

A religião capitalista tem seus rituais, liturgias, homilias e festas. O Natal é a mais espantosa reunião de todos os processos que culminam em um grande sistema do ridículo, a busca do efeito pelo exagero, a imitação dos padrões estrangeiros sem crivo, a reprodução do plástico como uma ordem do mercado. A alteração da paisagem urbana é prova disso. Seu tom de exagero dá sinais de uma histeria que poderia figurar na lista de Elaine Showalter,[40] pois essa também é produzida por uma sociedade de consumo na qual a mídia dita as regras de todos os jogos. A histeria natalina do plástico fabricado na China. O Natal tropical sempre se esmerou no tom artificial que tenta copiar com isopor e algodão a neve do norte, num evidente complexo de inferioridade geográfica. O Natal não é apenas cristão e capitalista, ele é também chinês e de plástico. Se alguns filósofos já disseram que a racionalidade técnica era a racionalidade da dominação, podemos dizer hoje que a racionalidade é de plástico e custa baratinho. O espírito do capitalismo natalino é o espírito decorativo. Por uns dias, as luzinhas pisca-pisca, mal penduradas em árvores e janelas, escondem as dores urbanas nas grandes cidades, cujo espírito de morte pede ocultamento. Natal noutro sentido seria um minuto de silêncio com as luzes pisca-piscas apagadas.

O reino do plástico é também o reino da degeneração do corpo e, no extremo, do fim da morte, não pela descoberta da vida eterna, mas por sua transformação em mercadoria.

50. Capitalismo macabro

"Mortitude"[41] (em inglês: *deadness*) é o nome que se dá à produtividade dos mortos na indústria da música. Na ascensão do necromercado e do necromarketing, artistas estão valendo, há bastante tempo, mais mortos do que vivos. Sua imagem, antes sagrada, foi reduzida à mera mercadoria e, como tal, profanada no logro comum que o espetáculo, o império do capital feito imagem, faz com seus deuses mortos e, por isso, impotentes.

Viver a morte dos outros é o que nos resta quando o caráter macabro do capitalismo se revela entre nós. Quem lembrar da morte de Michael Jackson, ocorrida em 2009, terá um bom exemplo de exploração estética e capitalista da morte. Michael Jackson era um artista perturbado pelo ideal de beleza branca e foi vítima de todo tipo de correção estética. Quando morreu, o necromercado da música e da imagem fez sua festa. Dizem que foram vendidos ingressos para o funeral espetacular, no qual seu corpo não estava presente.

Desde esse funeral imaginário surge uma nova figura com a qual temos de nos ocupar. Trata-se da tanatografia, que, ao contrário da narrativa biográfica, é a antinarrativa por imagens que tem a função de manter uma espécie de vida após a morte para as deidades do nosso tempo. Tanatográfica é a sobrevida da imagem quando a alma já não interessa mais.

Se no começo da história das representações ter um retrato era direito apenas dos patrícios romanos, se na era burguesa a fotografia era só para quem podia pagar, talvez num futuro próximo possamos também conquistar o direito à mais maravilhosa das formas tanatográficas surgidas até aqui, a estátua de cera à qual só os famosos têm direito. O espetáculo é a estrutura visual do capitalismo, no qual não existe democracia das imagens, apenas sua forma mercadológica.

A imagem é a morte que não morre. Ela é sobrevida. Seres humanos aprenderam ao longo de séculos a tratar a imagem como um resto de vida que sobra de um corpo morto. As imagens técnicas são os instrumentos essenciais nesse processo de conservação da vida, mas não deixam de mostrar o caráter de espectro daquilo mesmo que rememoram. Ser fotografado, aparecer no vídeo não implicam a verdade do que aparece, mas a distorção ilusória. Não é errado dizer que as imagens enganam, pois sempre se relacionam a algo que não está nelas e sem a qual elas não existem. Onde a imagem está, a morte não está, podemos dizer, atualizando a ideia epicurista de que a morte é o que não importa, já que chega quando não estamos. Habitamos um mundo onde a imagem não está presente senão como uma enganação sobre a presença da morte, por isso ela tem que parecer mais viva do que a própria vida. A morte é o que, estando presente, dissimila-se entre nós, fingindo desaparecer como um fantasma que se mostra quando menos esperamos.

O simples fato de que Michael Jackson seja representado como o "rei do pop" configura uma explicação emblemática do tempo hipereconômico em que vivemos. No passado, a figura do rei não era diferente de hoje senão por essa substituição do político pelo econômico. O capital como poder abstrato tem a forma da imagem, que não é outra que a máscara-sem-face da fama, o espectro do eu. O rei do pop encarnou o infantilismo que sustenta o capital. Tornou-se o nosso brinquedo, um rei de plástico, a serviço de um show do qual não foi, nem por si mesmo, nem por ninguém, poupado nem em vida, nem na hora de sua morte. A diferença entre o rei do passado e o rei do presente é que aquele rei parecia ter poder, enquanto, hoje, o poder é quem tem o novo rei. E esse poder tem o nome claro do capital.

Pensemos, pois, nessa morte do rei do pop que se torna fundamental na interpretação de nossas vidas. Michael Jackson morreu no dia 25 de junho. No dia 7 de julho de 2009, aconteceu o funeral para um público de mais de 17 mil pessoas, para o qual eram vendidos ingressos. Caso vivesse, o rei do pop faria uma turnê milionária. Seu funeral representou uma morte valiosa, que, substituindo a vida, tornou-se o show lucrativo. Não poderia ser diferente. Ninguém entenderia a morte de Jackson sem uma festa correspondente à envergadura do poder que ele representava. A potência da imagem que era a majestade desse rei sobreviveu à morte que seria o momento capital da vida de todos os que não são reis. Morte mais valiosa que a vida no extremo do capitalismo.

Que a morte do rei do pop esteja relacionada a um possível assassinato nos coloca diante de uma velha questão do direito, o crime de lesa-majestade. Sabe-se que esse crime não é um assassinato comum, mais que isso, é uma espécie de crime duplo contra o corpo de um rei, que é tanto homem vivo como qualquer outro, mas também contra o que em seu corpo é a majestade, a realeza, a encarnação mística da autoridade que legitima sua condição de rei. Bom lembrar a famosa tese de Ernst Kantorowicz sobre o duplo corpo do rei,[42] corpo vivo e corpo político, em uma só pessoa. Que o comportamento correto de súditos comuns, ou mesmo não súditos, envolva não se poder tocar fisicamente os reis e as rainhas é apenas um memento do significado profundo desse corpo sagrado — intocável, intangível — que não pode ser profanado.

Michael Jackson, o rei do pop, como os reis franceses ou os imperadores romanos que encarnavam o princípio da soberania, teve dois corpos, duas vidas e duas mortes. Um corpo humano e um corpo que encarnava a mística da autoridade. Ao primeiro, correspondeu a morte física e o funeral tardio do cadáver real. Ao segundo, correspondeu a morte que não morre, à qual correspondeu o *funus imaginarium*, o funeral da imagem, funeral fantasioso que permanece como uma espécie de vida da morte. Uma vida que só acabará quando outro rei do pop vier a substituí-lo. As treze imagens de cera de Michael Jackson expostas no Madame Tussauds são esperança de que o rei uma dia poderá descansar em paz, quando vida e morte se confundirem no espectro da imagem.

Essa morte e os rituais que a acompanham na contramão da morte banal de quem, não podendo ser rei, é sempre súdito não pode ser compreendida sem que se vise o estágio atual do capitalismo. A cena em que se inscreve a morte de Michael Jackson revela a forma mais pura e especializada do capital em nosso tempo. Assim como o rei antigo encarnava a mística do poder, Michael Jackson, com seu corpo de artista, famoso e rico, encarna a mística da imagem como capital, forma abstrata e radical do poder atual. Uma novidade relevante atinge a compreensão da morte de Michael Jackson tornada emblemática. Guy Débord percebeu o capital que na imagem encontra sua forma abstrata. Se a imagem surgiu como uma necessidade de superar a morte, hoje a imagem não é apenas a morte, mas, como imagem da morte, é a morte da morte. A imagem absoluta, a imagem em seu sentido estrito de "capital", aparece como aquilo que sobra de um corpo em sentido literal. Na imagem da morte, isso é duplicado. A imagem só aparece em seu valor total quando supera o corpo, deixa-lhe o vestígio do cadáver e se faz novo corpo como pura imagem na figura de cera, como novo corpo que dispensa o corpo.

A imagem total é a imagem após a morte. Ela é a total negação do corpo em nome de um lucro da imagem. Um corpo morto jamais aproveita de si o que outros aproveitam. O corpo do cadáver no aproveitamento total por parte dos outros está inscrito na prática da exploração alienada. Do mesmo modo, a imagem. O corpo do morto realiza o princípio fundamental do capitalismo, que é o lucro total sem devolução nem pagamento.

Não me refiro ironicamente ao fato da morte que não sabe de si, mas à relação entre corpo e imagens. O mesmo vale para o corpo vivo que muitas vezes se vale de sua imagem como objeto de sobrevivência, a mesma imagem que faz dele algo morto desde que a imagem de um vivo é tão espectro quanto a de um morto que se faça aparecer. É curioso que, enquanto o império americano e todo o capitalismo estão em crise, Michael Jackson como empreendimento valha mais morto do que talvez tenha valido como vivo. O capitalismo que o sugou em vida enquanto o vendia ao show faz com que ele valha mais ainda. Assim é que o capitalismo se apresenta de uma vez por todas em sua forma mais essencial, a macabra, na qual a figura muito conhecida da avareza declara-se absoluta como miséria da condição humana.

Os meses tanatográficos entre a morte e o ritual final do enterro do rei do pop vão além do luto como tempo doméstico ou pessoal no qual a morte de um ente querido é elaborada. O tempo vasto dos funerais de Michael Jackson avisam sobre a forma do luto em sua condição paradoxal: um gozo sobrevoa a dor dos outros e, sem pena, vem mostrar o inevitável tempo da rapina próprio à experiência do capital. Urubus miram o cadáver para retirar dele resquícios do que ali fora vivo, aquele mínimo aproveitável na escala de metas da avareza. Há sempre algo de vivo em um morto, as ressonâncias de sua morte confundem a vida, seu espólio, sua herança, a memória. De Jackson, teremos para sempre a arte, a voz e o corpo bizarro da última figura de cera.

O capitalismo é um gozo da avareza. Ele não dá nada de graça, não esbanja, não doa, tudo calcula, com tudo lucra, tudo logra. Ninguém lhe escapa. Se um morto tivesse direitos, certamente daria todo o seu dinheiro para ser simplesmente esquecido.

51. Elvis não morreu — a fantasia como promessa de realidade na era do visual

A frase "Elvis não morreu" não é apenas o bordão repetido desde a morte do rei do rock em 1977. Ela é defendida por grupos e indivíduos que parecem realmente acreditar que Elvis Presley envelheceu e permanece vivo até hoje, escondido em algum lugar. Sempre há quem pregue tê-lo visto aqui ou acolá e, por respeito aos limites da razão, não há quem se ocupe em provar o contrário.

A crença de que Elvis não morreu tem algo a nos ensinar. Ela manifesta um estado do desejo das massas que surge sempre em relação a um ídolo. O fato de que, às vezes, Elvis seja "visto" por aí surge, de um lado, como uma espécie de prova visual, a prova do testemunho. O testemunho nos obriga a julgar se é verdade ou loucura, alucinação ou engano o que teria sido relatado. Trata-se daquele tipo de anfibolia em relação à qual não se pode decidir. De qualquer modo, para quem prega que "Elvis não morreu", o que está em jogo é a verdade. E a verdade é um calibrador do desejo. O desejo de que esse outro rei esteja vivo.

É nesse sentido que podemos avaliar a questão surgida nos últimos tempos, desde que a técnica da holografia praticada por uma empresa como a famosa, e agora falida, Digital Domain poderia cumprir a promessa de "ressuscitar" o rei do rock para os seus milhões de fãs. O que a empresa de fato prometia era administrar a alucinação coletiva no contexto de um novo estado do desejo das massas. A existência de um show com a holografia do rei do rock punha em cena que, morto ou não, Elvis seria exposto como realidade para os fãs que pagariam caro para vê-lo. Se antes o desejo de que esteja vivo provocava a lenda de que fora visto por uns e outros, agora ele seria visto por todos que pudessem pagar para ter acesso ao seu fantasma tecnologicamente produzido.

O que está em jogo é evidente. Com o surgimento da holografia em nossos tempos hipertecnológicos e visuais, a prova visual (e tendencialmente ridícula) assume outra dimensão. Ela é completamente oposta ao julgamento sobre algo que ainda poderíamos compreender como verdade. No contexto da holografia, já não importa se Elvis está vivo ou morto. Também não importa se é possível chegar a esse tipo de conhecimento. O desejo de que Elvis esteja vivo é substituído pela oportunidade de vê-lo por meio dessa nova tecnologia da visão desenvolvida em nossa época.

À nova modalidade de fã que surge com a holografia (e com ela um outro tipo de subjetividade), basta que Elvis pareça real.

A questão da visão continua sendo a mesma. Para os adeptos do "Elvis não morreu", ele estaria vivo porque poderíamos vê-lo por aí de vez em quando. Depois, morto, poderíamos vê-lo holograficamente. A verdade foi descartada em nome do visual. Mas isso quer dizer que nos contentamos com a fantasia desde que ela seja uma promessa de realidade. Isso não quer dizer, no entanto, que se deseja a própria realidade. A satisfação é sonhar com ela.

52. Filosofia do blefe: a cultura da simulação e da dissimulação

Quem joga pôquer diz que o blefe é imprescindível e que o bom jogador tem que saber blefar. Quem blefa o faz fingindo ter ótimas cartas na mão. Há uma enganação, uma espécie de trapaça, ainda que seja uma trapaça leve, já que o blefe é quase uma regra do jogo. Pelo que entendi, o jogo de pôquer implica a regra e a enganação como uma espécie de sub-regra, algo que deve ser aceito e que, bem feito, chega a ser uma espécie de mérito. Melhor para quem tem talento, pior para quem não consegue. No blefe, há a aposta na credulidade alheia com a qual o blefador mantém sua posição como uma espécie de dono da verdade, mas não se trata de nenhuma verdade. Essa é a posição de poder sobre o adversário — o otário em jogo —, mesmo que essa posição seja provisória e o blefador possa se dar muito mal ao fim da jogada. Bem provável que haja um prazer por si só nesse gesto de blefar, mesmo que o resultado não seja o desejável.

O blefe é muito mais uma espécie de simulação do que de mentira. Na canção "Poker Face", de Lady Gaga, a blefadora faz cara de estar a fim, de estar amando, mas não está. Simula estar só para ver o que o outro faz com o que ela fez, com sua cara de simulação. Quem lê o *Manual do blefador*[43] usa os "conhecimentos" ornamentais recém-adquiridos, bem decorados, para demonstrar entender de um assunto, o que só é possível ao nível do uso diante de outros que entendem tão pouco quanto ele. O *Manual do blefador* não serve para falar com especialistas, mas apenas para encenar um saber evidentemente falso em certos contextos que pedem um jogo falso. A dissimulação seria inevitável, mas já não precisamos dela, porque os limites entre o verdadeiro e o falso implodiram. Simulamos, como em um acordo geral em que ninguém fará denúncias senão para voltar às regras do jogo. O falso se torna verdadeiro dentro do falso. O blefe seria, em certos contextos, uma espécie de cinismo oculto. Talvez uma mistura do verdadeiro com o falso na qual é impossível detectar onde começa a mentira e onde está a verdade. Um estar no tempo do talvez. Um sim e um não ao mesmo tempo. O bom blefador deixa o outro em suspenso. O bom blefador é sempre meio perverso: sua satisfação está em ver o rosto do outro acreditando nele. *Poker face* no espelho invertido em que se estampa o rosto do otário. O otário feliz em pensar que sabe o que não sabe. Feliz provisoriamente como está o seu algoz.

Na literatura, nos meios de comunicação, no cinema, na televisão, tudo parece obedecer a uma espécie de lógica do blefe. É a lógica do "se colar, colou". A imprensa, a indústria em geral, o mercado, todos produzem mercadorias como trapaça. Se colar, colou. A indústria dos utensílios inúteis, as bugigangas do consumismo são efeitos dessa lógica em que alguém aposta que o outro vai cair no blefe. Talvez não seja um exagero dizer que todo consumo depende do blefe. Ou seja, o consumidor está sendo enganado e consentindo com a enganação porque ela é a sub-regra do jogo do consumo.

A lógica do blefe rege a educação reduzida à mercadoria: simulamos educar nossos filhos, as escolas simulam transmitir conhecimento. A educação escolar, na maioria das vezes, não significa nada; o conhecimento não é mais do que algo vazio, um nome que se usa para sustentar a instituição. A indústria do vestibular e do Enem talvez seja o melhor exemplo do blefe diante do qual comprar um diploma seria cinismo. O conhecimento é simulado tanto na escola quanto na loja, onde o vendedor passa a impressão de que um sapato não é apenas um sapato, e de que um eletrodoméstico não é apenas um objeto útil, mas algo carregado de informação. Hoje em dia, o vendedor é mais informado sobre o vinho do que o estudante sobre o que ele realmente aprende que não seja para alcançar a média nas provas. Todos estão unidos na regra do "se colar, colou".

Consideremos que o todo da experiência com a vida seja como um jogo. O blefe seria um jeito de fazer tudo não fazendo (enquanto não se faz). De ser quem não se é, pelo menos por um tempo, sendo, ao mesmo tempo, aquele que se é. "Ser", nesse caso, é algo totalmente diferente de uma verdade e de uma mentira. Se lembrarmos de Caillois,[44] o blefe seria parte do que ele chama de *Mimicry*, um jogo de fingimento, como quando ao brincar crianças usam uma personagem, por exemplo.

A vida das redes sociais dá garantias disso. Por isso, o termo simulação parece tão oportuno. Nas redes todos simulam. Ninguém é o que é, mas só o que pode, quer ou consegue ser, ou melhor, "mostrar". O velho e antiquado verbo ser é ali reduzido ao aparecer e ao mostrar, as duas faces da cabeça de Janus. Mostrar nas redes faz parte do simular. O blefador não apenas finge que é isso ou aquilo, ele usa uma artimanha para causar um efeito sobre o qual não tem nenhuma segurança. De qualquer modo, o blefador testa seu poder. Ele aposta com o objeto que tem nas mãos. Pode ser dinheiro, pode ser um segredo, pode ser uma pessoa... Se tudo é blefe, e a vida é só um jogo de simulação, é fácil pensar que não há mal nisso. A lógica do blefe implica que não se veja mal nele. Quem denuncia o jogo não entende sua regra e não pode jogar.

Talvez tenhamos aprendido a blefar com Deus — o grande blefador — numa aposta infinita em que fingimos ter nas mãos cartas melhores do que de fato temos. O bom blefador olha para a crença do outro na sua enganação e, pensando que Deus é apenas mais uma simulação, sabendo que tudo é permitido, finge-se de morto.

Entender o blefe é fundamental para entender a lógica de nossa cultura. Uma filosofia do blefe seria capaz de expor traços fundamentais de nossas relações em geral e, mais ainda, dessas relações enquanto implicam jogos de linguagem e jogos de poder. Onde começa a linguagem, onde termina o poder? O que escapa ao seu jogo? Uma filosofia do rosto e uma filosofia da máscara seriam urgentes neste momento em que as faces estão tão confusas entre si.

53. A moral da máscara

Desde junho de 2013, vivemos uma polêmica em torno dos chamados "black blocs". Black bloc é um método. Pessoas se vestem de preto, mascaram-se e decidem combater poderes estabelecidos em nome de alguma causa que pede ação conjunta. O participante entra como cidadão, sem precisar estar filiado a partidos ou ligado a movimentos organizados. Da tática de protesto de cunho anarquista, participa qualquer um com roupa preta e a máscara que quiser. Assim como para participar de uma torcida de futebol dentro de um estádio requer-se a camiseta do time específico, ou da fantasia no carnaval, o que está em jogo é estar junto e fazer "bloco". Gente de preto e mascarada é a performance da luta no campo do poder usando o "aparecer" como uma forma de camuflagem urbana capaz de confundir o opositor, no caso, a polícia, que também se protege com capacetes quando se trata de enfrentamentos com ativistas.

Quem os critica incomoda-se com a "violência" que praticam. A violência é um fator complexo e a dos black blocs é bem pequena no vasto campo da violência exercida pelos poderes manifestos. Mas se pensarmos que a violência é como um sismo, um terremoto cujos efeitos remetem a um epicentro, a ideia torna-se mais simples. Um tremor de terra qualquer nem sempre é um terremoto e nem sempre sabemos dizer, do ponto de vista dos efeitos, se foi mesmo um sismo. A violência enquanto efeito é, sem dúvida, um sinal de que algo está acontecendo. A violência é sistêmica e precisa ser vista em termos de espectro. Nós a experimentamos de diversas maneiras.

É por causa desse espectro que tantos confundem os sentidos e as intensidades da violência. A violência nas ruas em nossos dias é o efeito direto de um abalo sísmico mais profundo e radical nas estruturas econômicas e políticas do capitalismo. Quem sofre apenas os efeitos mascarados do sistema do capital não imagina que sofre em seu nome porque desconhece o epicentro. Quanto mais chegamos perto da favela, da questão indígena, da exploração da natureza, mais chegamos nesse epicentro da violência capitalista que não podemos nem queremos ver.

Toda máscara é uma arma na luta que envolve violência. E quem pode usar essa arma? Não podemos avaliar a moral da máscara sem pensar nesse espectro da violência. Toda máscara é arma, mas pode ser usada como defesa ou como ataque. O caráter ambíguo da violência nos faz pensar que há máscaras e máscaras para violências e violências. Podemos dizer que há até mesmo uma desproporção: se pessoas quebram fisicamente vidraças de bancos e lojas, a violência que praticam está em baixa na escala geral da violência que vai da física à simbólica, tendo em vista o potencial destrutivo do capitalismo. Relativamente aos efeitos políticos e sociais destrutivos de um banco, a quebração de suas portas é algo de insignificante. A violência do capitalismo está no epicentro da escala porque é altamente simbólica e física ao mesmo tempo.

Há algo de ingênuo no ato da quebradeira de bancos, pois com ela se consegue apenas intervir no espectro mais superficial da violência do capital, que é a porta de vidro do banco (a porta de vidro é, ela mesma, uma máscara). O núcleo duro da violência que é o epicentro da violência, o capitalismo, permanece intacto, ou seja, mascarado para sempre.

A máscara é uma arma como outra qualquer. Usamos máscaras desde sempre e desde que nascemos formamos nossa *persona*. É a arma que usamos todos os dias, em graus diversos, como escudo, como afronta ao estado das coisas que nos oprime; a identidade de classe, de gênero, de raça, qualquer que seja, revela o potencial ativo de toda máscara sem a qual, dizia Descartes, é impossível avançar. Novamente, ela não é única e está inscrita em jogos de força e poder.

Penso nisso levando em conta que as polícias militares pelo Brasil afora usam e continuam comprando máscaras contra gás estilo Darth Vader para usar em grandes manifestações. Por isso, creio que no atual estado de coisas só nos resta dizer: "Diz-me a máscara que usas e dir-te-ei quem és."

Ao mesmo tempo, o uso de tecnologias digitais transforma rostos nas redes sociais em formas mascaradas. O facebook transformou o rosto em máscara. Os celulares, de cujo uso deriva a cultura da selfie, também nos dão uma máscara, a do sorriso *smiley*, para todo um mundo em que valemos como capital ou carne para exposição.

54. Culto do espelho — selfie e narcisismo contemporâneo

Selfie é um dos produtos mais curiosos da indústria cultural digital, o autorretrato feito com celular que virou mania geral. Em lugares públicos e privados, o usuário, como quem porta um espelho, vira a câmera do telefone para o próprio rosto e, "espelho, espelho meu", descobre por meio das redes sociais que não existe no mundo ninguém mais bonito do que "eu".

O autorretrato foi prática comum na história da pintura e da fotografia. Hoje em dia ele é mais que hábito de quem tem um celular à mão. Em qualquer dos casos, a ação de autorretratar-se diz respeito a um exercício de autoimagem no tempo histórico em que técnicas tradicionais como o óleo, a gravura, o desenho foram a base das representações de si. Hoje, ele depende das novas tecnologias que, no mundo dos dispositivos, estão ao nosso alcance mais simples.

Não se pode dizer que a invenção da fotografia digital tenha intensificado apenas quantitativamente a arte de autorretratar-se. Selfie não é fotografia pura e simplesmente, não é autorretrato como os outros. A selfie põe em questão uma diferença qualitativa. Ela diz respeito a um fenômeno social relacionado à mediação da própria imagem pelas tecnologias, em específico, o telefone celular. De certo modo, o aparelho celular constitui hoje tanto a democratização quanto a banalização da máquina de fotografar; sobretudo, do gesto de fotografar.

O celular tornou-se, além de tudo o que ele já era, enquanto meio de comunicação e de subjetivação, um espelho. Nosso rosto é o que jamais veremos senão por meio do espelho. Mas é o rosto do outro que é nosso primeiro espelho. O conhecimento de nosso próprio rosto surge muito depois do encontro com o rosto do outro. Em nossa época, contudo, cada um compraz-se mais com o próprio rosto do que com o alheio. O espelho, em seu sentido técnico, apenas nos dá a dimensão da imagem do que parecemos ser, não do que podemos ser. Ora, no tempo das novas tecnologias, que tanto democratizam como banalizam a maior parte de nossas experiências, talvez a experiência atual com o rosto seja a de sua banalização.

O autorretrato do tipo selfie não seria possível sem o dispositivo dos celulares e suas câmeras fotográficas capazes de inverter o foco na direção do próprio autor da foto. Celular como espelho, a prática da selfie precisa ser pensada em relação à atual experiência com a imagem de si. Ora, a autoimagem foi, desde sempre, fascinante. Daí o verdadeiro culto que temos com os espelhos. A história clássica de Narciso, vitimado por sua imagem na água que alertava sobre o perigo de perder-se em si mesmo, demonstra o risco da autonarcotização com a própria aparência. Assim é que Narciso é o personagem da autoadmiração, que, em um grau de desmesura, destrói o todo da vida. Representante da vaidade como amor à máscara que todos, necessariamente, usamos para apresentarmo-nos uns diante dos outros, Narciso foi frágil diante de si mesmo. Não escaparemos dessa máscara e de seus efeitos perigosos se não meditarmos no sentido do próprio fato de "aparecer" em nosso tempo. Por trás da máscara deveria haver um rosto, pelo menos é o que supomos.

Mas não é esse rosto que o espelho captura. Seria mero moralismo um julgamento de valor no caso da hiperexposição dos rostos se não colocasse em jogo um dos valores mais importantes de nossa época, o que Walter Benjamin chamou de "valor de exposição". Somos vítimas e reprodutores de sua lógica. No tempo da exposição total, criamos uma espécie de dialética perversa entre amar a própria imagem, sermos vistos e acreditarmos que isso assegura, de algum modo, nosso existir. No tempo da existência submetida à aparência, em que falar de algo como "essência" tem algo de anacrônico, talvez com a selfie fique claro que somos todos máscaras sem rosto e que esse modo de aparecer seja o nosso novo modo de ser.

55. Direitos estéticos ou a plasticidade entre a ética e a estética

Quando pensamos em preconceitos nos referimos em geral ao âmbito da moral pessoal e social. Preconceitos implicam, inicialmente, o campo da ética e da política nos quais se pode entender seus efeitos. Contudo, preconceitos são gerados e sustentados em níveis bem mais profundos do que se pode avaliar tendo em vista sua mera exposição verbal, teórica ou prática.

Ainda que se exponham no uso da linguagem verbal e se transformem em leis injustas, escritas ou não, as bases dos preconceitos são infinitamente mais materiais. Elas dizem respeito ao modo como aprendemos a nos relacionar com o outro, seja a outra pessoa próxima, seja outra cultura, a natureza, a religião, a moral, o desejo ou o modo de ver o mundo a partir de nossa percepção. A percepção é a potência dos sentidos que nos permite perceber o mundo ao redor. Ela é totalmente ética e política. É o lastro corporal de um sistema político. O sistema dos preconceitos.

Se a percepção está envolvida no campo dos preconceitos, isso quer dizer que eles são, em primeiro lugar, estéticos. Negação ao que, na esfera das formas, escapa a um padrão, os preconceitos servem de defesa a um paradigma, um modelo prévio a seguir. Como se constrói e se impõe um padrão é questão que concerne à educação estética. Algo como uma "ideologia do corpo padronizado" orienta teorias e práticas em relação aos corpos em geral. Essa ideologia visa à dominação dos corpos e suas potências. No cerne dessa ideologia está o ideal metafísico da beleza como perfeição. A beleza é um conceito branco, eurocêntrico, que serve à imposição do padrão a partir do qual somos todos medidos.

Naturalizamos muito facilmente a questão das formas corporais a partir da ideologia do padrão corporal ideal. Essa ideologia resulta da velha estrutura do pensamento tradicional da "adequação", a partir da qual conceitos prévios são usados não apenas para interpretar, mas enquadrar as pessoas por meio de seus corpos. O corpo é o limite — não apenas o suporte — a partir do qual a linguagem e o poder podem instaurar-se.

Plasticidade é a categoria que nos ajuda a pensar a forma dos corpos. A plasticidade diz respeito à cor da pele, ao tipo de cabelo, ao tamanho, ao peso, aos gestos, aos movimentos. É a partir da questão da plasticidade que se definem "estereótipos" de um modo geral. Ora, há estereótipos que são valorizados no campo do corpo como capital e há estereótipos desvalorizados. Todas as pessoas são parte do sistema dos preconceitos, ou seja, de teorias lançadas sobre o corpo, mas algumas como vítimas e outras como privilegiados.

Não existe preconceito que não passe pela relação com a plasticidade do corpo. A questão das "idiossincrasias", das quais falaram Adorno e Horkheimer no *Dialética do esclarecimento*, diz respeito a uma posição inquestionável em relação ao gosto pessoal. "Não gostar por não gostar" da forma corporal — cor, peso, tamanho, movimento, etc. — do outro é a forma exata do preconceito em cuja base está a idiossincrasia, ela mesma uma estrutura formada socialmente.

Assim, é em relação ao ideal da forma que se constrói o conceito da deformidade. De um corpo inadequado, abjeto, feio. Se no princípio colocássemos a singularidade de cada pessoa e não a universalidade do padrão, conquistaríamos a democracia em suas bases profundas, que são bases estéticas.

Diante do cenário de preconceitos, há que se defender a questão dos direitos estéticos. Nenhum direito estético será alcançado sem luta e sem resistências, que são, elas mesmas, estéticas. Hoje, os que lutam contra o racismo e outros preconceitos defendem o mais básico de todos os direitos: aquele que nos garante a presença, o direito a estar. Em palavras simples, o direito de ser quem se é, da forma como se é, diante do outro, sem precisar ser corrigido ou sem sentir-se culpado por não agradar.

56. Biodesign e direito, generificação e direito à montagem

A travesti habita o lugar entre o escândalo e o fascínio. O fio que separa esses sentimentos é tênue. É o mesmo que, separando, ao mesmo tempo, une medo e desejo. Ficar no lado de quem se escandaliza, mesmo que em silêncio, talvez seja mais fácil do que confessar o fascínio que a imagem e a presença de uma travesti provoca em nossos sentidos. O consenso pede que nos escandalizemos, que fiquemos estarrecidos, ou, pelo menos, que neguemos em silêncio a vida travestida. Negação que permite justamente a invisibilidade das travestis e da questão altamente filosófica que sua existência e seu aparecer nos propõe.

Assim como toda obra de arte contemporânea nos obriga a pensar no conceito de arte como questionamento do ser da arte (e das coisas), a vida travesti, uma vida que não esconde seu invento (pois toda outra forma de vida esconde seu invento) nos obriga a pensar no conceito de invenção de si, de criação da subjetividade.

A peça de teatro *BRTrans*, dirigida por Jezebel de Carli, com a atuação do ator Silvero Pereira, fala de muitas coisas importantes. A questão da transidentidade é ali afirmada com intenções políticas e éticas a partir de uma linguagem altamente crítica, na qual o fator estético é questionado já ao nível da linguagem. O trabalho de linguagem do ator — e de todos os que trabalham pela peça — nos convida ao pensamento enquanto nos sensibiliza. Somos levados a perceber a condição da vida travesti como a irrupção de uma verdade que nos concerne. Em relação à qual nos posicionamos primeiro como meros espectadores para sermos conquistados nas nossas mais profundas reflexões. É isso o que a peça *BRTrans* alcança, enquanto é um ensaio crítico que denuncia a matança das travestis em um país como o Brasil, e a condição da matabilidade da qual todas as travestis estão ameaçadas. *BRTrans* também é um ensaio crítico da questão gênero, que nos pergunta sobre o que significa "ser" isso ou aquilo quando se trata de nossa subjetividade generificada.

A peça nos faz pensar em como somos o efeito da máquina produtora de gênero. Ser "generificado" significa ter sido construído à base de um ideal, em termos bem concretos, de um "design". Podemos pensar que, desde o *eidos* platônico, a ideia é uma imagem que dá forma à existência da matéria, e que essa questão, antes metafísica, se materializou radicalmente na linha do tempo do gênero. Podemos falar de biodesign, analogamente ao que desde Foucault se chama de biopoder. Somos efeito de uma biologia e de uma genética que sempre foram mais ou menos manipuladas — sempre houve uma produção da natureza pela cultura, do corpo pela linguagem, da biologia pela ideologia. E hoje em dia somos ainda mais desenhados — efeito do design — quando pensamos no advento da eugenia liberal que usa as tecnologias na manipulação da vida do outro. Se fomos desenhados pelos outros, o que a questão travesti vem nos dizer, refere-se ao fato de que podemos devolver nossa invenção a nós mesmas, podemos nos desenhar nós mesmas.

Mas o que muda, de fato, quando pensamos que, no pano de fundo geral, há sempre uma grande manipulação do corpo? O que enuncio ao dizer "meu corpo" sou eu, e eu preciso deter o direito sobre o que sou, quanto ao que sou. O que o gesto travesti vem nos mostrar é o direito à montagem. Fica claro, por meio dele, que corpo e gênero são coproduzidos. A travesti é a única verdade do gênero, a Vênus de Botticelli finalmente desnuda.

Em *BRTrans*, Silvero Pereira se monta e se desmonta, e assim nos faz ver a justaposição de personagens em uma mesma vida. O processo de vir a ser é exposto para que seja compreendido. A aparição fascinante de Gisele, seu desnudamento, o vestir e o desvestir, o tapar e o destapar do corpo, não visa a nos "confundir", ou a esconder, mas, antes, a nos esclarecer. Algo se torna visível, algo é posto à luz, uma existência justaposta e sobreposta, uma existência que não vem ocultar outra, mas vem à tona em sua condição de um e de duplo. Então, finalmente, nosso corpo e nossa imagem, esses dois níveis de nossa existência, que estão separados pelo pensamento dualista — que inventou corpo e alma e também a ideia de separar corpo e alma, assim como separa corpo e gênero — são novamente relacionados na figura da travesti, sem que o arranjo que os reúne precise mentir que são o mesmo, que entre corpo e linguagem não existe um hiato, que tudo se rende a uma unidade, a uma identidade. Que entre nudez e roupa, entre pele e entranhas, entre ser e parecer não existe uma criação mútua. Somos um, sendo e deixando de ser, deixando de ser para ser outro, sendo para não ser, não sendo para não aparecer, aparecendo para ser. O direito à montagem é o direito a aparecer. Um direito político que é, ao mesmo tempo, um direito ontológico, o direito a ser.

Outra questão que a vida travesti nos coloca é a questão do consenso estético. Todos sabem que sair do consenso é sempre socialmente perigoso. O consenso é o acordo prévio de que não negaremos o acordo prévio. Em termos de gênero, ele implica um contrato estabelecido antes mesmo de termos nascido, ao qual todos temos que aderir. Em relação ao qual não somos autorizados a perguntar "por quê?". É que aderir ao consenso é compulsório, fomos obrigados no mais íntimo da relação entre o ser e a linguagem, a relação que nos faz seres de linguagem ligados a uma tradição, a uma estrutura, a um inconsciente.

O consenso não é evidentemente algo que se estabeleça apenas em termos éticos e políticos. Podemos falar, também, de um consenso estético, aquele consenso que se estabelece em torno da sexualidade, pois não basta ter um sexo definido nos termos binários da heterossexualidade compulsória e hegemônica, ela mesma imperativa e altamente autoritária, é preciso também parecer heterossexual. Hoje em dia, quando falamos nos termos de gênero "trans" e "cis" (aqueles que mudaram de gênero e aqueles que não mudaram de gênero), estamos falando de marcações estéticas que nos informam algo sobre nossa sexualidade. Podemos até desconfiar esteticamente, mas é o nível estético da sexualidade, o nível da superfície que nos informa e que "vale" dentro dos jogos de poder em torno da sexualidade. Daí a importância que damos ao parecer.

A tradição oculta os motivos que levam à criação de padrões estéticos que sustentam sistemas éticos e políticos. Sabemos que toda saída dos acordos prévios, dos padrões, dos hábitos tradicionais, requer justificação. Quem sai dos padrões estéticos pelo discurso — dizendo, por exemplo, que admira o travestismo ou a travestilidade — precisa se justificar. Quem sai pela prática — travestindo-se — precisa mais ainda. Pensemos nisso para seguir adiante.

57. Transidentidade

O feminismo é, em sua base, a politização da condição do "ser mulher". Mulher é a identidade criada por uma tradição. O gênero feminino foi construído por inevitáveis jogos de poder, tanto de linguagem quanto práticos, no contexto da ideologia patriarcal. Patriarcado, a propósito, é a construção epistemológica, lógica, moral e política dos gêneros e dos sexos. É também uma construção estética.

Nesse contexto, perguntar o que pode significar "ser mulher" é ainda uma questão. Mas essa pergunta só terá sentido para aquelas pessoas que pensam a partir do paradigma da identidade. Identidade, por sua vez, é uma categoria usada para marcar um lugar, marcando o outro ou marcando a si mesmo. Dependendo do contexto de politização da identidade, a identidade serve ou desserve, ela pode emancipar ou oprimir.

Tendo em vista as desconstruções históricas que nos libertam do peso de "ser mulher", enquanto gênero que obedece a uma performatividade na base de uma histórica opressão para ser mulher, penso que hoje em dia a questão do ser mulher faz sentido apenas enquanto ser "travesti". Isso nos coloca um outro paradigma a partir do qual se pensa algo como identidade de gênero, o tema da transidentidade que tanto incomoda aqueles que se colocam na posição do ridículo político. Podemos falar em uma interidentidade entre mulheres e travestis, que liga a ambos, dialeticamente, como que por uma banda de Moebius. A questão filosófica que está em jogo concerne, sem dúvida, à identidade e à não identidade, mas enquanto se chega ao tema da transidentidade por meio dela. A transidentidade não é apenas a identidade de quem é trans, ela é uma superação da dicotomia "identidade x não identidade".

A questão da identidade de quem é trans está dada desde o surgimento da travestilidade, que veio a mostrar a dialética entre corpo e roupa. Entre nudez e vestimenta. Entre ser e aparecer. A travesti não é uma mulher no sentido habitual, ela é ao mesmo tempo uma desconstrução da "mulher natural" e a reconstrução da mulher artificial. A dialética entre a mulher e a travesti é inevitável. O que se chama de mulher, para ser compreendido, precisa recorrer ao significado da travesti. Mas como a travesti é a desmontagem da "natureza" como ideologia, ela nos faz saber que toda mulher, vista desde uma natureza, não é outra coisa do que uma pessoa na qual se escondeu a montagem desde o ponto de vista ideológico — diga-se novamente — da natureza. Uma mulher é, portanto, uma montagem que finge ser natural. Um homem também. Só a travesti seria sincera ao ser montagem de si e desmontagem do gênero.

Ainda que a travesti se diga mulher e que o artigo feminino "a" seja o seu próprio — o que ela apropria para usar na montagem de si —, a travesti é a configuração da transidentidade que mostra à "mulher" que uma mulher, natural ou não, nunca é uma mulher. Que não existe a mulher natural. Que a identidade sexual e de gênero é sempre construída e inventada. No fundo, toda identidade oculta sua transidentidade. Isso quer dizer que, se quisermos falar em termos de "verdade", a transidentidade é mais verdadeira que a identidade, pois somente ela, por sua autoinvenção, está livre da mentira de parecer verdade. A transidentidade é a dialética negativa da identidade.

A grande verdade, se é que se pode falar assim, da transidentidade é seu caráter de dissenso. Talvez não haja categoria mais importante para mostrar a relação positiva entre estética e política em nossa época do que o dissenso estético. Nesse sentido, não é o belo, movido pelo consenso em torno de algo que agrada, como na clássica teoria de Kant, mas é o feio, o que causa estranheza, o que não se enquadra nas normas, que tem algo a nos dizer.

A compreensão do dissenso visual está no caminho de uma democracia estética que em tudo seria também política. A politização da estética seria também a libertação da política.

58. Dissenso visual: imperceptibilidade e inconsciente espacial

Façamos um caminho fenomenológico para chegar ao tema do dissenso estético, condição para uma democracia estética que amenize os riscos do ridículo político.

Uma das maiores alienações de nossas vidas é a espacial. A alienação espacial é, em tudo, alienação estética. Estar alienado do espaço é estar alienado do corpo e da experiência como tal. E isso não é apenas estético, é também político. Em poucas palavras, estar alienado do corpo é estar alienado do que possibilita toda experiência. E estar fora da própria experiência é ter perdido a si mesmo e o mundo ao redor: tudo.

Ora, o corpo é uma potência do espaço, e o espaço é uma potência do corpo. Isso quer dizer que espaço e corpo são solidários e tudo o que chamamos de *experiência* define-se a partir desse encontro. Um não se dá sem o outro. A experiência é sempre experiência do limiar entre eles ou da passagem de um pelo outro. Lugar é, afinal, a experiência do espaço e todo lugar é corpo. Quando digo que "encontrei meu lugar" é porque encontrei-me enquanto corpo, alcancei um corpo, sou, finalmente, porque sou corpo. E ser corpo significa estar. E estar não é uma condição natural, porque o espaço não é natural.

Contudo, não podemos nos furtar à pergunta sobre onde estão nossos corpos. Que espaço de fato habitam? Que lugar conhecem? Não nos parece de algum modo evidente que estamos bem longe de nossos corpos quando perguntamos onde estamos? Que nossa pergunta é, ao mesmo tempo, uma resposta prévia sobre nosso estar? Não somos, na verdade, corpos distantes de si mesmos? Que tipo de distância é essa? Essa distância ocupa um lugar no espaço? Nessa linha, alguém, talvez Herberto Helder, teria se perguntado algo como "onde estou que não estou em mim?". Pergunta para a qual não se pode dar uma resposta que não seja poética, ainda que essa questão — aparentemente apenas poética — nos ponha diante de problemas éticos e políticos.

Ora, desconhecer-se é desconhecer o próprio corpo, mas esse desconhecimento do corpo implica desconhecer o espaço ao nosso redor, aquele no qual estamos junto de pessoas e de coisas. E não precisamos demorar para nos colocar a questão mais simples: por que nossos corpos e nossos espaços se tornam imperceptíveis?

A imperceptibilidade é uma categoria importante para a reflexão de nossa época. Uma categoria capaz de nos dar mais do que uma interpretação sobre o estado de anestesia geral em que vivemos. A imperceptibilidade constitui um modo de ser — nossa ontologia — na cultura da distração. A imperceptibilidade, uma condição no nosso ser desde que perdemos nosso corpo e, com ele, o espaço, desde que perdemos o espaço e, com ele, o corpo. Ela nos condiciona ao raciocínio, aos exercícios superficiais de linguagem presentes nos raciocínios. Esses exercícios de repetição e imitação, de citação de toda sorte de pensamento pronto expresso em linguagem que nada quer dizer, que nada pode expressar, senão o que está pronto e, de certo modo, morto. Resta, contudo, um corpo. Um corpo como uma esperança, de certo modo, uma utopia da experiência possível, cada vez mais abstrata, infelizmente, no cenário da plastificação geral no qual o corpo é o que se joga fora.

De que corpo ainda falamos nesse caso quando se trata de uma perda das condições espaciais que permitem a experiência do corpo? Será que sabemos do corpo, como aquele condenado que, em *A colônia penal*, de Kafka, saberia da sentença escrita em sua própria pele? Será que sabemos do espaço? A cognição seria o destino? Estamos preparados para ele? A que espaço ainda é possível nos referir quando nos tornamos insensíveis, imperceptivos e imperceptíveis? Desaparecemos, e nosso sumiço define o sumiço do espaço. Flutuando no mundo dos meios, na esfera da medialidade — esses objetos, aparelhos, esses fios elétricos, esses lugares virtuais, transparentes, mais ou menos visíveis, tantas vezes invisíveis, que administram nossa atenção e nossa distração —, não somos a todo momento atravessados e remodelados pelos meios que pensamos usar? Sabemos, por acaso, que não usamos os meios, mas que os meios nos usam?

Perguntar sobre o espaço, no tempo em que o corpo foi jogado fora e com ele a voz e todos os sons, parece fora de tom.

Quem hoje em dia percebe o que se passa em seu corpo? Quem perceberia o que se passa no espaço sem que tivesse antes sido educado para isso? Quem, mesmo tendo sido educado, teria justamente sido educado para essa percepção? Quem poderia fazer a experiência de seu encontro? A impotência para a experiência do pensamento, a experiência afetiva e a experiência da ação — os três grandes vazios que constroem a subjetividade contemporânea e que implicam um não lugar para o corpo — se deve à impotência para a percepção do espaço, em uma palavra, uma ausência de corpo, do "onde" se está que define o que se é. Nosso esforço deveria ser, em qualquer contexto, em qualquer registro — fosse ético, fosse político —, o de devolver o corpo ao corpo. Nesse caso, devolveríamos o corpo ao espaço. Essa devolução implica um projeto de desalienação. Desalienar seria enfrentar o vazio do pensamento, do afeto e da ação, tomar consciência da inespacialidade à qual fomos condenados.

"Vazio" é uma expressão espacial que assumimos na intenção de expressar uma perfuração infinita em nossa existência. Sofremos uma perfuração em nosso corpo que se produz pelos tentáculos do sistema econômico, social e político. Uma perfuração que acontece também pelo dispositivo da linguagem. Sabemos em nosso corpo que todo vazio ao qual chamamos de existencial é vazio do corpo. Mas, se há um vazio interno como a fome, há um vazio externo que, vindo de fora, nos devora. Sem, contudo, constituir um espaço vivo. É o espaço morto, o espaço no qual estamos alienados, o espaço que não nos permite ser. A esse espaço morto damos esse nome de vazio.

Não é à toa que a imagem do vazio tenha se tornado um lugar-comum. O lugar-comum é onde estamos sem que possamos perceber. Do espaço vazio somos inconscientes. Só podemos conhecê-lo por meio de uma metáfora gasta que, na verdade, não nos faz conhecer nada. Quando dizemos "vazio" dizemos nossa in-habitabilidade, nosso momento de "in-estase", como se não pudéssemos estar, todavia, sabendo que, racionalmente, estamos.

Relacionamo-nos com o espaço como se ele fosse natural. Porém, assim como perdemos a relação com a natureza, perdemos a relação com o espaço natural. Restou-nos o espaço cultural, segunda natureza, que nos organiza e forma. É nesse espaço que produzimos uma segunda alienação em relação à primeira alienação, aquela que temos em relação à natureza. A experiência da alienação no espaço cultural é a experiência de um vazio que passa a funcionar como resposta, uma resposta prévia, uma verdade dada para tudo o que torna nosso corpo um lugar "in-estável". Estamos no espaço, sabemos com todas as vozes da razão, mas como isso se dá ao nível de nossa "in-experiência" corporal?

O inconsciente espacial que faz parte da experiência geral é racionalizado para os fins do sistema. A inconsciência da experiência com o espaço serve, no extremo, à sua administração, à produção industrial do espaço que o torna coisa e mercadoria. Por fim, a "espetacularização" do espaço, esse espaço que se torna coisa feita para ser vista, uma pura paisagem, vem a definir as condições de possibilidade de sua invisibilidade. Nossa cegueira quanto ao espaço serve ao espaço alienado por meio de uma estetização. O espaço foi transformado em imagem. E estetizado na forma de uma imagem. Sua estetização é um procedimento de ocultamento, de escamoteamento do que nele poderia estar dado a ver. No caso das cidades é fácil ver isso. Há áreas para serem vistas, para o deleite visual, há espaços que guardam o que não deve ser visto dentro de um contexto de produtos visuais vendáveis.

A invisibilização, o equivalente de uma insensibilidade para ver e para ser visto, é uma experiência antiestética produzida esteticamente. Ao mesmo tempo, vivemos na cultura do visual, em que os valores são decididos enquanto podem se tornar imagem. A imagem é a medida de todas as coisas na "sociedade do espetáculo". O direito a aparecer — um direito que está na base de todo direito — está totalmente comprometido pela questão do *status quo* visual.

O que o espaço permite, mostra ou esconde? Seria o espaço o dispositivo de poder que regula o estar, o ser e o aparecer? Não poderíamos, a partir de uma teoria do espaço, reunir as três dimensões em uma só? Estou/sou/apareço ao mesmo tempo na forma de um "corpo no espaço" ou como "espaço do corpo"? A estetização — esse medir pela imagem dentro do paradigma do *status quo* visual — esconde seu procedimento político: escamotear o que, para os fins do sistema, não deve ser conhecido.

Ao mesmo tempo, acostumamo-nos a tratar o espaço como tratamos nosso corpo, o que vem a confirmar a inconsciente configuração comum que há entre eles. Nosso corpo é tratado como uma coisa que precisa ser estetizada. Não como o lugar da experiência, mas algo que deve servir à categoria eurocêntrica, à categoria branca da beleza. A beleza é uma categoria plástica que, desde a metafísica platônica, precisa ser descontruída com seus pares autoritários: a bondade e a verdade como operadores epistemológicos e morais opressivos.

A pixação é, das expressões contemporâneas, a que melhor expõe a inconsciência em relação ao espaço e denuncia o *status quo* visual autoritário que, baseado em categorias como a da beleza, oculta o sentido único de toda ideologia capitalista, a sustentação da propriedade privada.

59. *Status quo* visual x direito visual à cidade

É nesse sentido que podemos falar de um "direito visual à cidade" contra a legalidade visual imposta. Vivemos uma espécie de ditadura visual — talvez não seja exagerado falar em um estado de exceção também visual —, da qual, por exemplo, a televisão faz parte e todo o sistema de administração do visual ao qual Guy Debord deu o nome de "sociedade do espetáculo". Dominada por especulações imobiliárias, pela propaganda, por uma verdadeira ditadura estética, qualquer cidade é hoje transformada em dispositivo de poder que produz e mantém o inconsciente espacial a partir de um jogo que inclui visualidade e invisibilidade produzidas para os fins do mercado.

Que linguagem é essa que vem das margens do espaço administrado? O que ela vem a nos dizer? Seu enunciador é o pixador, "performer urbano desautorizado", praticante da ilegalidade visual, guerrilheiro no cenário do *status quo* visual que, exercendo seu combate imediato, nos leva a ver o que não pode ser visto. O pixador é, nesse caso, de certo modo, um artista, mas não um artista em um sentido inquestionável, aquele que trabalha pelo sistema das artes, cumprindo os protocolos do *status quo* visual, ou por participar de algum jogo estetizante, antes, o pixador é um artista no sentido do sujeito que atrapalha, daquele que fez "arte", fez coisa que não devia, provocou, perturbou, ele é o arte-ativista, alguém que luta pela liberdade de expressão enquanto o controle da expressão é controle de território, controle sobre o espaço, controle sobre o corpo.

60. Estética da fachada, gramática urbana, terrorismo conceitual

Reduzimos nossa relação com o espaço à estética da fachada. Toda estética estabelece uma ética e uma política, assim a estético-política da fachada. Fachada é aquilo que mostra uma habitação por fora; pode tanto dar sequência ao que há na interioridade, quanto ser dela desconexo. Suficiente aos olhos, fachada é o que vale como tapume, para que algo não seja visto. Autoritária e acrítica, a estética da fachada tem, no muro branco e liso, na plastificação industrial de corpos e, nesse caso, mais evidentemente dos rostos humanos, o seu ideal de máscara sem rosto e, todavia, narcísica. A superfície calculada da fachada, do muro e dos rostos operados, siliconados, embotoxizados, é a forma estética da propriedade privada para idolatrar a forma lisa da beleza, a categoria branca à qual estão assujeitados o espaço e os corpos de todos nós.

A pixação é ação que propõe o fim da estética da fachada, o fim da estética como elogio da superfície acobertadora. A partir da gramática da pixação, dá-se um outro aparecer da cidade. Outra relação com o espaço surge a partir desse outro aparecer. A pixação é a gramática que exige a compreensão crítica da brancura dos muros. Uma linguagem suja — como é toda crítica em relação ao objeto fechado —, no caso, em relação às muradas. Ela é ataque incisivo, mas, ao mesmo tempo, libertador. Ressignificação e transfiguração do lugar-comum. O que é um "lugar-comum", no sentido do óbvio, do que todo mundo usa, pratica ou compra, torna-se, desde o pixo, um lugar in-comum. O "in-comum" é a entrada ou a produção de um comum político. É pela transubstanciação da cidade em pauta que esse comum se coloca como uma proposição, como um projeto que precisa ser sonhado. O grau zero da literatura é essa luta com o branco que a pixação expressa tão bem contra o fanatismo do alvor que corresponde, se pensamos em um corpo humano, à plastificação geral. Cidades de plástico como Brasília, altamente excludentes, tem no pixo um sinal de que é preciso repensar a cidade. O pixo que ensina a repensar a cidade e suas margens habitadas por pessoas que atuam na cidade, que a veem com outros olhos. O pixo é efeito de um olhar.

Mas é preciso ter em vista que uma leitura da pixação que veja nela a mera ofensa ao branco perderá de vista a importante negação filosófica do branco — seu questionamento — como paradigma estético da fachada (paradigma, diga-se mais uma vez, eurocêntrico e branco, evidentemente capitalista) que é exercida pela pixação. A pixação transfigura o lugar comum do muro, torna-o campo de experiência. Ela é uma forma reflexiva exposta nos muros. Faz dele algo mais do que parede separadora de territórios. Mais que propriedade invadida, é a própria questão da propriedade quanto ao que se vê — ser sujeito de uma visão, de uma imagem — e o que é visto, que é posta em xeque.

A pixação surge como linguagem abjeta de um corpo abjeto: o corpo do jovem pixador excluído que vem sujar o corpo da cidade, ele mesmo um corpo dividido entre centro e periferia, entre o mundo dos muros brancos ou das paredes lisas, das paredes institucionais, e a lógica de um espaço que sobra em relação a esse espaço "central". Mas essa sujeira não é uma sujeira qualquer, não é a produção de um fora da ordem puro e simples. Antes, é sujeira enquanto qualificação da escrita. Pensar o significado desse sujo é a questão que nos importa.

Que o pixo seja visto como vandalismo ou falta de respeito, demonstra apenas que a visão de mundo na qual o pixo se inscreve é a da estética da fachada. Que sua gramática nos permita pensar em terrorismo poético demonstra que estamos tentando olhar mais longe, que o pixo nos fornece lentes melhores para ler o fenômeno da cidade.

H. Lefebvre, ao expor o sentido de um "direito à cidade",[45] falava da criação de uma espaço contra a fragmentação. A pixação não é apenas a criação de um espaço, antes, é a fissura do espaço do qual o pixador e o pixo são excluídos do *status quo* visual no qual eles irrompem como uma espécie de retorno do recalcado: aquilo que não devia ter aparecido e, no entanto, se fez presente tem também a natureza da estranheza inquietante. O que perturba tanto na pixação não é tanto o seu caráter "feio", mas o seu caráter proibido, a sua insubordinação elevada à gramática. Feio, nesse caso, é apenas um nome para o que foi proibido.

Por ser mancha, mácula, rasura, a pixação é a quebra da percepção da superfície como um todo. Qualquer expectativa quanto à configuração desse todo se perde na tag, que é mancha. É por ser rasura, e uma espécie de fissura positiva, é por ser "sujeira" que a pixação consegue permanecer em negativo, enquanto em sua negativação faz aparecer a cidade. Outra ordem do visível. A cidade, antes superfície, antes tela, em que um texto foi escrito como lei, e nos anestesiando nos cegou, é agora algo que ressurge sob a marcação de um contratexto. Não é a pixação simplesmente que se faz visível, é a cidade sob a pixação que aparece de um modo totalmente outro. Só é pixação, a propósito, o texto que se mantém em negativo, um texto que surge sem consentimento, sem lugar. A pixação é a lógica da negação que faz aparecer o positivo e que, destruindo o positivo pela crítica, não se põe em seu lugar como uma nova lei.

A pixação é a paixão do negativo. Dialética negativa, diálogo impossível e sempre reproposto com o que não se dispõe ao diálogo, o muro liso e limpo que impera autoritário e silencioso diante dos dizeres externos. A pixação se coloca como um desacordo epistemológico, político, econômico, por fim, *tod*os os desacordos manifestos no grande e escandaloso "desacordo estético", nem belo, nem sublime, nem mesmo o simples feio, mas o que impede a experiência da forma habitual, o que se coloca em outra direção, que abre outra dimensão estética. Dissenso. Ao destruir o campo do consenso visual, o espaço medido, ela não estabelece simplesmente um outro campo em que a construção visual do social vem à mostra. Ela não é a nova lei que se coloca contra a lei numa harmonia preestabelecida entre diferenças. Ela é outra coisa que a lei: é anarquia, cancelamento da lei do muro branco, da lei da fachada. Ela é a rasura dessas leis. Tag é risco, é sujeira, é mácula na ordem estabelecida, dissenso em relação a um ideal formal que implica a beleza como verdade e como bem.

Enquanto o discurso é estético, a pixação é contraestética. Podemos falar em contraconsciência estética produzida por indivíduos e grupos.

Desvinculamento da arte da "nobreza", da ideia de "capital" visual. A pixação também é teoria, *theorein*, aquilo que se dá a ver e, dando-se a ver, faz ver mais: faz ver o outro. A estética da pixação ataca um modo de "ver" o mundo, uma perspectiva de mundo é abalada. Que toda teoria seja estética em alguma medida, que tenha uma "apresentação", um modo de "aparecer", que contenha e dependa do momento de sua exposição, leva a pensar — dialeticamente — se toda estética não tem em si também a sua teoria. Se, enquanto linguagem, sua articulação não é, justamente, teoria enquanto é, ao mesmo tempo, sua estética. Com isso, estou chamando de estética neste momento o exposto, a forma, o que está expresso, o dito e sua aparição. Toda teoria é sua própria forma (não a contém nem é simplesmente por ela contida), assim como toda forma é sua própria teoria. Isso é o que a pixação nos mostra ao não ser linguagem, no sentido puro e simples. Podemos dizer que a arte é linguagem, que a linguagem sempre é um sistema de signos com significados e funções expressivas ou comunicativas. O que a pixação faz é romper com essas possibilidades justamente no lugar onde se instaura como tal. Ela não é apenas linguagem, mas contralinguagem, contratexto.

A pixação é a teoria estética enquanto a teoria se encontra, ela mesma, em estado de horror e de terror. Efeito da excludente e opressora ordem social que se faz linguagem e invade a ordem estética, o espaço superficial do mundo. Não é bonita, não é agradável. É suficientemente desorganizada para não virar sistema, é suficientemente anárquica para não virar a nova ordem. A própria palavra pixação já apresenta uma grafia errada, apenas porque a correta "pichação", com ch e não x, não guarda a questão central da sua proposta. A palavra é, nesse caso, a coisa. É uma teoria completa, mas apenas e tão somente enquanto exposição da falta, da falha, do erro. Não o erro que ela é e que expõe com irônico orgulho, mas o do sistema do qual ela surge enquanto linguagem expulsa. Sujeira como gramática. A ofensa à moral estética que é o bom gosto e o mau gosto a torna extramoral. Assim é que a pixação está para além de bem e mal.

Se *O manifesto comunista* foi uma proposição corajosa contra a violência da prática capitalista, a prática da pixação é a do constante e concreto manifesto urbano contra uma ordem político-estética. O pixo é, sim, uma certa violência estética, mas contra a violência estética generalizada do gosto capitalista. Toda violência tem sua estética, assim como toda política e toda ética tem sua estética. A pixação é a estética contra o "todo", enquanto, ao mesmo tempo, se faz diálogo com quem não quer diálogo algum. Por incrível que possa parecer, a pixação dialoga com a cidade, é um desejo de conversa que a anima. A pixação acorda a cidade de seu silêncio visual. Abre os olhos contra a cegueira nossa de cada dia produzida no contexto da violência visual autorizada.

Filósofos selvagens, os pixadores praticam um terrorismo teórico consistente, teoria — no sentido daquilo que se expõe aos olhos dos outros — crítica na prática. Uma inversão da compreensão quanto ao "lugar" das coisas. Alguém pode querer falar de desejo do pixador, mas a conversa sobre o "desejo" é por demais burguesa para analisar o feito, o fato do pixo. Só quem nunca pixou um muro seria capaz dela. Ao mesmo tempo, se o termo "desejo" causa escândalo, incômodo e irritação, então podemos dizer que há nele algo de pixo. Daí também a afinidade da pixação com a arte contemporânea em suas manifestações formais mais veementes. A arte contemporânea também mudou o lugar das coisas, também mudou a perspectiva, também causou horror nas massas, embora tenha se tornado, perto do pixo, infelizmente, mais uma nova "pura estética".

61. “S’obra”

O amor excessivo pela lisura dos muros, a sacralização capitalista que faz da pixação o novo demônio revelam enquanto escondem a estética da fachada com todas as implicações que esse termo define. Nessa estética, o muro branco é tratado como a vítima inocente de um ato de vandalismo. O tratamento categorial do muro como vítima inocente é ahistórica e moralmente apelativa; ela desvia da questão mais profunda que envolve a relação entre política e estética, longe da qual não podemos pensar a questão da expressão e da arte na cidade.

O pixo sobre os muros é, ao mesmo tempo, uma exposição de arte sem obra, ou em que a obra foi, no mínimo, deslocada de seu sentido habitual. Pixo é espectro. Perto da pixação, a obra é um feito burguês, entre a acomodação e o embelezamento. O que a pixação é não é a antiobra nem a ausência de obra, mas certa espécie de “sobre-obra” ou “sub-obra” — e, no entanto, zona de indistinção entre “sub” e “sobre”, que se localiza no meio, na “superfície”. Podemos grafar seu acontecimento como “s’obra”.

O termo “s’obra” seria difícil de traduzir, o que nos obriga a dizer que filosofar sobre a pixação só é possível em português. Rastro, marca, resquício, a verdade das cidades se apresenta semioticamente. A s’obra é algo que não foi integrado. Um resquício enquanto erro provocado, e de um erro enquanto arte, e da arte enquanto crime. E do crime como caso de polícia. O pixador sempre pode ser preso por perturbar a ordem estética, por atingir a propriedade privada com seu dano ao patrimônio. Por isso, ilegítimo, ele tem que fugir da polícia. Fugir da polícia como um artista que, ele mesmo, é “s’obra” da ordem estabelecida da arte e das instituições que tratam a arte em geral como um evento que melhora o mundo enquanto o embeleza, acobertando o fato perverso da beleza.

É neste ponto que se pode repetir com Hélio Oiticica, artista filósofo brasileiro dos mais fundamentais, e que teria sido um grande pixador conceitual: "Seja marginal, seja herói." Exposta, a arte enquanto s'obra, torna-se, ela mesma, teoria. Na forma de pixação, ela é arte como filosofia. Como filosofia, ela é qualquer coisa de insuportável. Se o outdoor nas grandes cidades, se a propaganda autorizada e fomentada é apenas a mais clara linguagem do capitalismo, ao lado da arquitetura e do urbanismo, o pixo é uma obra ao contrário, sem obra, o que "sobre-obra" e que, no entanto, não pode ser suficientemente escrito, ainda que seja marcado como tag: s'obra.

Os pixadores são os des-construtores dessa ordem. Antipublicitários, antiarquitetos, antidecoradores — se artistas, são artistas irônicos. São os filósofos do nosso tempo, filósofos selvagens a espalhar sua parrésia e sua ironia semiótica pelas ruas.

Isso nos faz saber a institucional "vontade de fachada" como uma vontade de poder define o espetáculo da cidade. A pixação vem a ser a guerrilha contra o espetáculo que não usa a arma do espetáculo, mas destrói essa arma e, por isso, perturba tanto o *status quo* e a mentalidade tão vulgar quanto autoritária que o sustenta. A pixação é o contrário do outdoor, a antipropaganda, que seu primo comum, o grafite, não consegue ser totalmente. Enquanto o outdoor ampara-se no olhar burguês cego para mendigos e crianças abandonadas nas ruas, e pode se sustentar no pagamento das taxas que o permitem, a pixação não alcança nenhuma autorização, ela está fora das relações de produção. Sem emprego nem aplicabilidade, ela é inútil e, também por isso, perturba o capitalismo. Ela surge, aos que não se esforçam por entender sua lógica, em plena dialética com a lógica do mundo, diga-se de passagem, como destruição do patrimônio, violência contra a ordem estética que gesta a sociedade e sem a qual o espetáculo, ele mesmo consenso visual, se aniquila.

Imagine uma sociedade em que o papel não fosse feito para a escrita, em que as superfícies brancas de celulose não sustentassem ideias, comunicação, expressão, afetos, anseios, angústias. Imagine uma sociedade em branco e começará a entender porque a pixação nas grandes cidades é bem mais do que um ato vândalo; que, para além de ser uma forma de violência, define a cidade como um grande livro escrito em linguagem cifrada. Um livro que recebe uma assinatura compulsiva de um autor excluído da nomeação que ele tem o direito de "a-firmar".

Uma assinatura compulsiva de um manifesto pelo direito à cidade: direito visual à cidade. A cidade como abaixo-assinado, a cidade como obra literária, a cidade como reedição crítica.

Reflexão ao fim de um percurso

Ao introduzir a noção de "ridículo político" no debate sobre estética e política, busquei compreender um fenômeno que tem afetado profundamente nossas vidas, tendo em vista a fase de espetacularização cínica da política que experimentamos nesse momento histórico.

Que já estejamos acostumados com a bufonaria na política é sinal de que o poder tem alcançado seus objetivos por meio de uma estratégia que precisamos conhecer mais de perto. Refiro-me àquela em que um agente é colocado, ou se coloca, pragmaticamente, em um lugar indesejável — um lugar que seria vexatório para todo mundo e que, no entanto, se torna o trunfo por meio do qual os demais ficarão em suas mãos. O ridículo político é essa estratégia baseada em uma manipulação da imagem com o objetivo de aniquilar a capacidade cognitiva e ética daquele que é transformado em otário.

A manipulação da imagem é conhecida em todas as esferas, mas ainda não percebemos a mais profunda intensidade do seu alcance e dos seus efeitos. A imagem ainda é, para nós, por demais natural. Se já sabemos que, manipulada, a imagem é uma arma que põe e depõe pessoas na política e no mercado, nos partidos e nas corporações, não sabemos, no entanto, como nos deixamos levar por isso. A imagem é regra, é lei e é capital, e nós obedecemos à sua ordem.

A publicidade como arte da manipulação da imagem se adapta às necessidades do tempo e em nossa época ela não funciona apenas deixando alguém bem ou mal "na foto", como costumamos dizer, mas opera nos confundindo. Sabemos disso na hora de comprar um produto qualquer. De bananas a revistas de banca, de geladeiras a programas de televisão, de filmes a cultos religiosos, todo objeto e qualquer experiência investida do caráter da mercadoria passa pelo valor de exposição e pelo desejo da audiência. Sabemos que a promessa, seja em política, seja em publicidade, tem o mesmo teor, mas não queremos ver uma coisa dessas.

A manipulação da imagem é sempre estética, embora sirva a propósitos morais e políticos. Poucos sabem que ideologia é cortina de fumaça, é ofuscamento para evitar que se veja aquilo que prejudica o poder, entendido como o dispositivo de automanutenção de si mesmo. A mutação vivida em nossa época no campo da política diz respeito a essa manipulação.

Na era da publicidade, a política vive a manipulação da imagem em um sentido extremo. Sob a aparência de que não há mal algum — ao contrário, passando a impressão de que manifestações preconceituosas, homofobia, incitação ao ódio, e elogio da tortura e do estupro são apenas brincadeira e diversão, de que não é preciso levar nada muito a sério, porque sempre se supõe que "nada de muito grave" acontecerá —, certos políticos conquistam votos e posições e passam a decidir o rumo da vida das populações e nações.

No momento em que finalizo este livro, um agente internacional do ridículo político como é Donald Trump decidiu fazer um muro para separar México e EUA, e um agente nacional como é João Doria resolveu apagar todos os grafites, alguns deles valiosíssimos, dos muros da cidade de São Paulo, capital mundial da arte de rua. De fato, a questão não deve ser reduzida a casos particulares, mistura de populismo e tacanhez, mas trata-se de modelos de um fenômeno que tem modificado o sentido e a estrutura da política por meio de interferências estéticas que, em um primeiro momento, podem não parecer, ao cidadão despreocupado, nada de mais.

Ora, a interferência na ordem simbólica é uma das mais graves quando se trata de política. Não é à toa que esses personagens pareçam criados em série e tenham atos que em tudo se assemelham. Eles criam cenários em que muros erguidos e muros cinzentos têm objetivos simbólicos autoritários. Quando não percebemos isso, caímos na ingenuidade, tornamo-nos ignorantes e vítimas úteis desses mesmos processos. Claro, sempre a pensar que não há nada de mais em tudo isso.

O que a análise do ridículo político demonstra é que a democracia está ameaçada justamente por aquilo que não parece oferecer perigo algum. Fica uma pergunta bastante singela, mas que se faz necessária: em uma época em que todos estão preocupados e envolvidos com a questão da segurança é, no mínimo, curioso que ninguém esteja preocupado com a segurança da democracia. É que a democracia deixou de ser um valor, mas também, além de tudo, o que chamamos de democracia é interpretado por quem não gosta dela, por quem prefere o poder de uns contra outros, como uma ameaça à indústria e ao mercado da segurança. O neoliberalismo é essa promessa que desconsidera o modo como as pessoas viverão, se é que sobreviverão.

Esse estado de coisas não nos deve levar a pensar que se a aparência fosse de seriedade as coisas estariam melhores. A questão é outra quando percebemos tantas verdades escancaradas que servem como se fossem seu próprio velamento. Talvez não estejamos dispostos a ver, mas também é possível que algo muito pior esteja acontecendo. É possível que estejamos de acordo. Que o cinismo tenha vencido e que já não possamos fazer nada para mudar o cenário em que nos encontramos. Talvez tenhamos nos tornado, nós mesmos, cínicos interesseiros.

Assim como pensamos que é impossível ser político sem se corromper, que os políticos são "necessariamente" bandidos — o que constitui uma generalização precária em âmbito ético —, esse campo em que podemos questionar a moral estabelecida, pensamos também, em nível estético, que todos os políticos são ridículos e que, por consequência, ser eleito para um cargo, filiar-se a um partido, candidatar-se ou apoiar candidatos, bem como, em um nível mais particular, participar da reunião na escola dos filhos, da reunião de condomínio, de eventos de rua, de movimentos sociais, deixar de consumir, ou de ver televisão, procurar uma vida alternativa, tem algo de vexatório. O julgamento particular torna-se geral, bem como o geral torna-se particular, com muita facilidade, porque pensamos por indução e por dedução. Mas esse procedimento indutivo e dedutivo raramente é usado para uma crítica contestatória da sociedade, e nisso mora o caráter ideológico dos nossos pensamentos que, constantemente, estão prontos e disponíveis no senso comum, ele mesmo um tipo de mercado de ideias prontas.

Confundimos as esferas política e estética por falta de discernimento, ou justamente para evitar que surja algo de discernimento no que concerne a elas. Populações imensas têm elegido os políticos mais tacanhos, os mais cínicos, aqueles que manipulam o teatro do poder de maneiras perversas. Hoje é comum agir ingenuamente em termos de política, sobretudo quando entregam suas mentes e afetos à economia, sem perceber que a segurança que buscam nesse setor se torna tanto mais ilusória quanto mais a economia prescinde de sua função social e passa a servir a si mesma e aos seus administradores avarentos.

Trabalhei no livro com uma noção de política bastante comum — aquela que põe em relação a política institucional, burocrática e profissional — e com a política em sentido genérico, como o todo dos nossos atos enquanto seres individuais, sociais e genéricos relacionados entre si e às instituições. Tratei da política como reino da ação e do poder, seja ele macro ou microestrutural. Quis levar em conta a todo momento o fato de que a política trata da questão do poder, para enfatizar seu momento de espetáculo atuando sobre a percepção, as emoções, os afetos, sentimentos e pensamentos que atravessam a nossa noção de mundo e, nele, a nossa ação.

Nesse sentido, temos falado muito sobre a destruição da política, mas o que o ridículo político nos faz ver é a transmutação do campo político em uma publicidade de baixo nível e, no entanto, com um enorme rendimento financeiro para corporações (sejam partidos, igrejas ou empresas que sucumbem à lógica do poder econômico, ou seja, que atuam na linha do neoliberalismo como governo de si e dos outros) e seus sacerdotes úteis. A política foi rebaixada à publicidade, a uma empresa de manipulação da imagem, daí o papel dos meios de comunicação na política hoje como agentes de uma violência simbólica que apenas compete com a violência simbólica das igrejas no ato de dominar corações e mentes.

O que digo não caberia dentro de um cenário em que o "politicamente correto" é a regra, mas ele também evoluiu. Na era da imagem manipulada, na era do espetáculo, é preciso falar do que se tornou o "esteticamente correto". O esteticamente correto tem história; ele corresponde à nobreza — no sentido de Bourdieu — da aparência, seja do corpo, seja das obras ou dos bens culturais. Ele corresponde à valorização neoliberal e burguesa da aparência segundo suas próprias medidas de classe cultural e econômica. O esteticamente correto é moralista segundo critérios de classe. Ele é a aplicação de critérios morais a questões de forma, a questões que seriam estéticas. A sua função é escamotear o neoliberalismo econômico pela aura da aparência estética correta enquanto, ao mesmo tempo, serve de regulamento da forma.

O esteticamente correto está para a publicidade como o politicamente correto está, evidentemente, para a política, mas os dois se misturam. É curioso que o ridículo político, que a tantos incomoda por não ser esteticamente correto, acabe por ganhar tanto espaço em nossa época. No contexto em que a política se tornou, ela mesma, mercado, o esteticamente correto oculta a própria mutação da política na qual as suas aberrações são, ao mesmo tempo, a irrupção de uma verdade. Um personagem que se aproveite de seu ridículo apenas mostra de modo cínico a regra estética de um jogo já estabelecido. Nesse contexto, também os cidadãos vivem suas vidas de modo a servir à estética. O que chamei de esteticomania corresponderia ao estado adoecido de uma sociedade em que o controle operado pelo poder atravessa corpos e massas populacionais. Esteticomaníaca seria a cultura em que perdemos de vista esse controle, em que nos entregamos a essa situação como nos entregamos a uma fé ou a uma substância redentora.

Impotentes diante da deturpação da política, dominados e enganados pela administração astuciosa da aparência, uns se ressentem, deprimem, tentam adequar-se, enquanto outros se aproveitam. Inevitavelmente, precisamos nos perguntar como sairemos disso, como desmancharemos esse processo, como desmontaremos o dispositivo estético-político da publicidade política. Sabemos que é preciso pensar, que é preciso refletir, que é preciso produzir outras narrativas capazes de recriar o mundo das subjetividades autônomas e libertárias.

Enquanto nos inspiramos, tendo em vista que pensar filosoficamente, em qualquer tempo, é resistir à barbárie, podemos nos abrir às linguagens que constroem nosso mundo. A escolha por finalizar este livro com uma reflexão sobre o direito à montagem no mundo trans, o direito visual à cidade, bem como a noção de dissenso estético que nos surge a partir de uma olhar mais atento à presença da pichação em nossas grandes cidades, não foi gratuita. Pretendi situar um olhar que nos levasse do cativeiro do espetáculo à ousadia estética, do política e esteticamente correto ao seu questionamento concreto.

Neste momentos esperamos por mudanças urgentes, pessoal ou coletivamente, mas sabemos que a resistência é uma exigência que, de tempos em tempos, pede especialização. Refletir criticamente é o único caminho que resta ao ser humano agarrado à sua própria ingenuidade.

Notas e referências bibliográficas

1. HUTCHEON, Linda. *Teoria e política de ironia*. Tradução de Julio Jeha. Belo Horizonte: UFMG, 2000.
2. Ibidem, p. 17
3. A melhor história do riso talvez seja a tese de Verena Albert. Ver ALBERT, Verena. *O riso e o rísivel na história do pensamento*. Rio de Janeiro: Zahar, 1999.
4. Idem.
5. Do mesmo modo, Freud, ao criar a sua teoria do chiste, percebeu que havia algo da ordem do inconsciente em ação nesse tipo de produção de humor. Temos que lembrar que, para Freud, o chiste não seria o próprio cômico, mas uma manifestação do inconsciente que beira a literatura. Ver d'ANGELI, Concetta; PADUANO, Guido. *Lo cómico*. Coleção Léxico Estético. Madri: La Balsa de la Medusa, 2001, p. 243. Ver também FREUD, Sigmund. *Os chistes e sua relação com o inconsciente*. Tradução de Margarida Salomão. Rio de Janeiro: Imago, 1996.
6. Há um belo discurso do padre Antônio Vieira em que o riso de Demócrito é confrontado com as lágrimas de Heráclito na intenção de saber o que é pior. E conclui que o riso é melhor, pois mais sábio. Ver VIEIRA, Antônio. *As lágrimas de Heráclito*. São Paulo: Editora 34, 2001.
7. ALBERTI, Verena. Op. cit., pp. 12-13.
8. TÜRCKE, Christoph. *Hiperativos! Abaixo a cultura do déficit de atenção*. Rio de Janeiro: Civilização Brasileira, 2016.

9. FRANKFURT, Harry. *Sobre falar merda*. Tradução de Ricardo Gomes. Rio de Janeiro: Intrínseca, 2005.
10. DEBORD, Guy. *Sociedade do espetáculo*. Rio de Janeiro: Contraponto, 2007.
11. ADORNO, Theodor; HORKHEIMER, Max. "A indústria cultural." In *Dialética do esclarecimento*. Tradução de Guido Almeida. Rio de Janeiro: Zahar, 1984, p. 113.
12. ATTALI, Jacques. *Noise: The Political Economy of Music*. Minneapolis: University of Minnesota, 2009.
13. KANT, Imanuel. *Crítica da faculdade do juízo*. Rio de Janeiro: Forense Universitária, 1993, p. 56.
14. BOURDIEU, Pierre. *O poder simbólico*. Lisboa: Edições 70, 2011.
15. FRANKFURT, op. cit., p. 28.
16. O leitor pode estar pensando que já não se faz mais filosofia como antigamente, que há um empobrecimento epistemológico e conceitual, mas é fato que novos tempos e novas relações produzem novos conceitos. E os conceitos que surgem são nexos entre a realidade concreta e a capacidade de perceber suas características e pensar sobre elas. Se essa colocação é irônica ou ridícula, cabe ao leitor escolher.
17. BAKHTIN, Mikhail. *A cultura popular na Idade Média e no Renascimento: o contexto de François Rabelais*. São Paulo: Hucitec, 2010, p. 9.
18. Quando concorreu a deputado federal em 2006, Temer recebeu 99.046 votos, menos de 0,5% do total. Se elegeu graças à distribuição das vagas que sobram para os menos votados. Ficou entre os últimos colocados da bancada do PMDB naquela época.
19. CASARA, Rubens R. R. *Processo penal do espetáculo: ensaios sobre o poder penal, a dogmática e o autoritarismo na sociedade brasileira*. Florianópolis: Empório do Direito, 2015.
20. Ibidem, p. 12.
21. ZAFFARONI, Eugenio Raul. *Em busca das penas perdidas: a perda de legitimidade do sistema penal*. Tradução de Vania Pedrosa. Rio de Janeiro: Revan, 1991.
22. AGAMBEN, Giorgio. *Homo Sacer: o poder soberano e a vida nua I*. Tradução de Henrique Burigo. Belo Horizonte: UFMG, 2002, p. 111.

23. HARVEY, David. *A condição pós-moderna*. Tradução de Adail U. Gonçalves. São Paulo: Loyola, 1992, p.
24. HANNS, Luiz. *Dicionário comentado do alemão de Freud*. São Paulo: Imago, 1996. (A tradução de Paulo César de Souza — Companhia das Letras, 2010 — usa apenas "O inquietante".)
25. MAQUIAVEL, Nicolau. O príncipe. São Paulo: Penguin, 2010.
26. ESPINOSA, Baruch de. Tratado teológico-político. Rio de Janeiro: Martins Fontes, 2003.
27. "Nesse dia de glória para o povo brasileiro, tem um nome que entrará para a história nessa data, pela forma como conduziu os trabalhos da casa. Parabéns, presidente Eduardo Cunha. Perderam em 64, perderam agora em 2016. Pela família e pela inocência das crianças em sala de aula que o PT nunca teve, contra o comunismo, pela nossa liberdade, contra o Foro de São Paulo, pela memória do coronel Carlos Alberto Brilhante Ustra, o pavor de Dilma Rousseff, pelo exército de Caxias, pelas nossas forças armadas, por um Brasil acima de tudo e por Deus acima de todos, o meu voto é sim."
28. ADAMS, Carol. *A política sexual da carne*. São Paulo: Alaúde, 2012.
29. KLEIN, Naomi. *A doutrina do choque — a ascensão do capitalismo do desastre*. Rio de Janeiro: Nova Fronteira, 2008.
30. TÜRCKE, Christoph. *Sociedade Excitada: filosofia da sensação*. Campinas: Unicamp, 2001.
31. DIAS, Andréa; TIBURI, Márcia. *Sociedade fissurada*. Rio de Janeiro: Civilização Brasileira, 2013.
32. BAUMGARTEN, Alexander Gottlieb. *Estética*. Tradução de Mïriam Suter Medeiros. Petrópolis: Vozes, 1993.
33. KAFKA, Franz. *O veredicto/A colônia penal*. São Paulo: Companhia das Letras, 1998.
34. Remeto ao excelente livro de Nadja Hermann. Ver HERMANN, Nadja. *Ética e estética — a relação quase esquecida*. Porto Alegre: PUC-RS, 2005.
35. FOUCAULT, Michel. *História da sexualidade: a vontade de saber*. Tradução de Maria Thereza Albuquerque e J.A. Guillon Albuquerque. Rio de Janeiro: Graal, 1999, p. 132.
36. NEGRI, Antonio. *Jó, a força do escravo*. Tradução de Eliana Aguiar. Rio de Janeiro: Record, 2007.

37. PRECIADO, Paul B. *Manifesto contrassexual.* São Paulo: N-1 Edições, 2014.
38. TOLSTOI, Leon. *A morte de Ivan Ilitch.* Tradução de Boris Schnaiderman. São Paulo: Editora 34, 2006.
39. SIMPSON, Amelia. *Xuxa: the Mega Marketing of Gender, Race and Modernity.* Philadelphia: Temple, 1993.
40. SHOWALTER, Elaine. *Histórias histéricas: a histeria e a mídia moderna.* Tradução de Heliete Vaitsman. Rio de Janeiro: Rocco, 2004.
41. STANYEK, Jason; PIEKUT, Benjamin. "Mortitude: tecnologias do intermundo." In PEREIRA DE SÁ, Simone. *Rumos da cultura da música — negócios, estéticas, linguagens e audibilidades.* Porto Alegre: Sulina, 2010.
42. KANTOROWICZ, Ernst. *Os dois corpos do rei: um estudo sobre teologia política medieval.* Tradução de Cid Knipel Moreira. São Paulo: Companhia das Letras, 1998.
43. *Manual do Blefador* é uma coleção divertida publicada pela Ediouro, cujos exemplares, em algumas livrarias, estão na sessão de infantis. Os temas variam e há títulos como *Tudo o que você precisa saber sobre ecologia para nunca passar vergonha* e *Tudo o que você precisa saber sobre Feminismo para nunca passar vergonha.*
44. CAILLOIS, Roger. *La Máscara y el Vértigo.* México: Fondo de Cultura, 1994.
45. LEFEBVRE, Henry. *O direito à cidade.* Tradução de Rubens E. Frias. São Paulo: Centauro, 2001.

Este livro foi composto na tipologia Minion Pro
Regular, em corpo 11/16, e impresso em
papel off-white no Sistema Cameron da
Divisão Gráfica da Distribuidora Record.